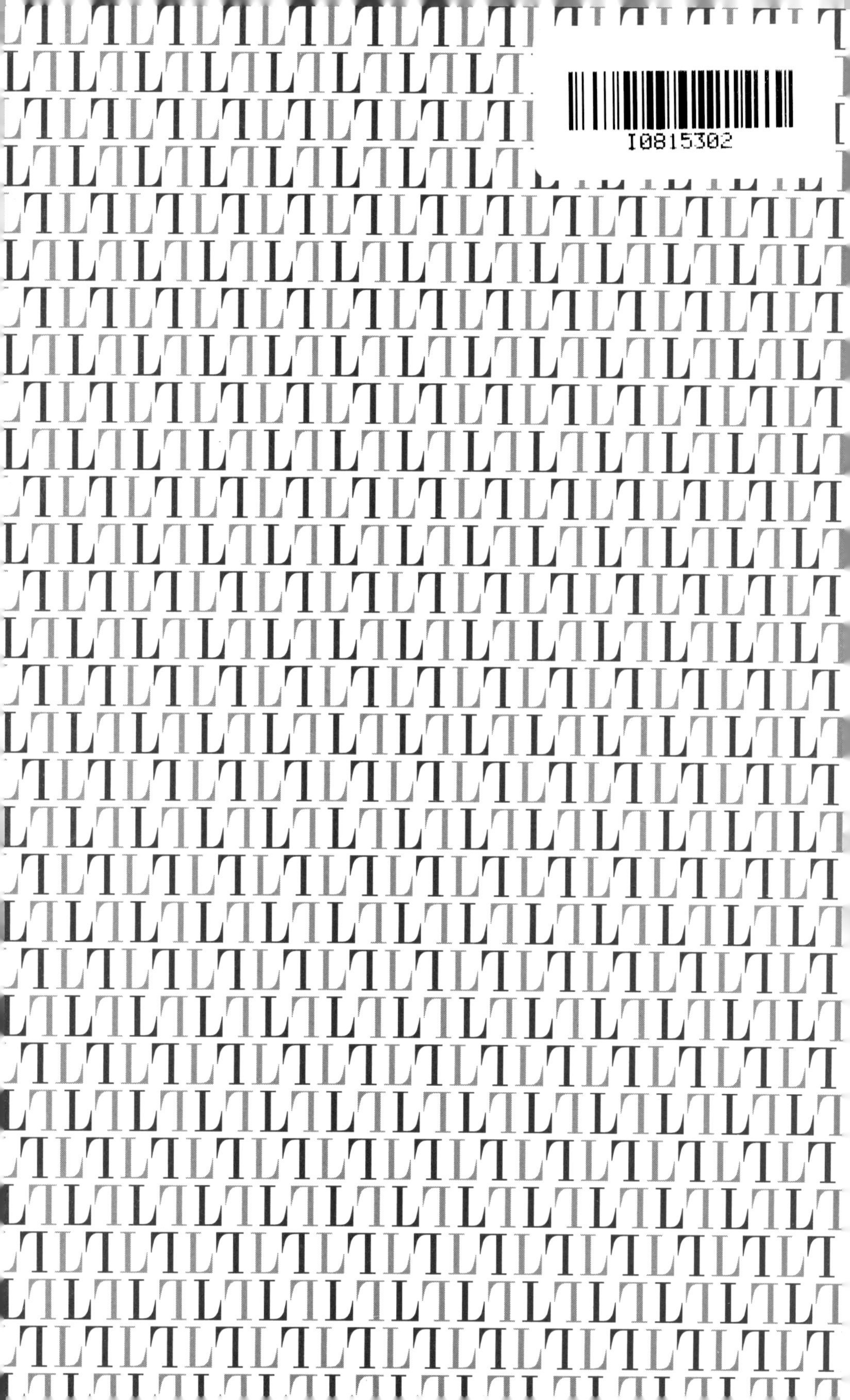
I0815302

Tres perros salvajes
(y la verdad)

Tres perros salvajes (y la verdad)

Markus Zusak

Traducción del inglés de
Laura Manero Jiménez
y Laura Martín de Dios

Lumen

narrativa

Papel certificado por el Forest Stewardship Council®

Título original: *Three Wild Dogs (and the Truth)*

Primera edición: junio de 2025

Printed in Spain – Impreso en España

ISBN: 978-84-264-3173-8
Depósito legal: B-6257-2025

Compuesto en M. I. Maquetación, S. L.
Impreso en Rotoprint by Domingo, S. L.
Castellar del Vallès (Barcelona)

H 4 3 1 7 3 8

Para Halina Drwecka
y en memoria de Jacek:
te añoramos.

Prólogo

Interior indomable

Nada como una buena bronca con tu perro en una calle concurrida de una gran ciudad:

El cruce es gigantesco.

El juicio que va a caerme encima, electrizante.

En cierto modo, casi pienso que resulta un alivio mientras ordeno las ideas y hago acopio de fuerzas. He vivido otros momentos difíciles con perros (momentos que no creerías) y me huelo cuándo se está preparando uno.

Por describir un poco el barrio, diré que es asombrosa y tremendamente próspero, aunque hay mucha basura por todas partes. Se encuentra en la zona residencial del este de Sídney y la calle tiene como unos nueve carriles de coches. Es uno de los puntos con mayor densidad de tráfico: la intersección de Ocean Street con Syd Einfeld Drive y Oxford Street, más un desvío a la izquierda hacia Wallis Street y la entrada del Centennial Park por Woollahra Gates. Hay carriles que tuercen, pasos de cebra, peatones. Hay ciclistas y toda clase de personas, y personas con toda clase de perros. Y siempre, o casi, Cavoodles.

El perro con el que voy a pelearme es Frosty.

No, Frosty no es un Cavoodle.

Es un perro de perrera, grande, blanco, marrullero, de pelaje hirsuto —una especie de cruce de Lobero Irlandés, quizá—, con el hocico negro, la piel y el morro rosados, las orejas salpicadas de lunares y una sonrisa rencorosamente feliz. Tiene dos grandes manchas marrones en la parte final del lomo, como un babuino, o igualito a las formas que El Artista Anteriormente Conocido Como Prince —por algún motivo que nunca dejará de desconcertarme— solía cortarse en el trasero de algunos de sus trajes. (Cuando la gente ve esas manchas, o se ríe o insinúa encima de qué puede haberse sentado: algo que solemos tomarnos con filosofía).

Hubo ciertas consideraciones sobre el nombre de Frosty cuando lo sacamos del albergue.

Un par de puntualizaciones sobre esta última frase:

Primero, mi mujer quería cambiarle el nombre por Ziggy. Nombre completo: Ziggy Frost. Nuestros hijos prefirieron ir a lo fácil. El nombre que aparecía en la página web del Hogar para Perros y Gatos de Sídney era Frosty, y estaban más que dispuestos a luchar por conservarlo.

Segundo, nunca he sido capaz de decir «centro de rescate» ni considerar a ninguno de mis perros «rescatado». Recuerdo un relato de David Sedaris en el que se burla de ese tipo de dueño con pretensiones morales al que le encanta alardear de que eso es exactamente lo que ha hecho con su perro: rescatarlo. Descubrí el relato mucho después de haber acogido a nuestros perros de perrera, salvajes, feroces y con un carácter que solo aguantaría una madre (Frosty es el tercero, los otros dos dejaron este mundo hace tiempo), pero daba en el clavo. No somos especiales por habernos hecho cargo de esos animales sin ningún pedigrí; lo que somos es idiotas. Vale, somos idiotas y también buena gente. Algún pobre cruce de Staffy o de Kelpie sigue esperando aún en una celda, jadeando hasta que o bien llega la inyección final (como la llama siempre mi madre), o bien aparece un panoli de esos que rezuman compasión y exclama: «¡Ese, Agnes! ¡Ese de ahí!», sin tener la menor idea del caos que le espera. O, peor, sin tener la menor duda, pero, aun así, incapaz de resistirse.

De manera que en nuestra casa decimos las cosas como son.

Nuestros perros han salido de la perrera.

Sin embargo, hace poco he llevado eso algo más lejos.

La perrera se ha convertido en «el albergue».

—¡Mierda! —protesto—. ¡Maldito Frosty! ¡Como vuelva a hacer eso otra vez, lo envío de vuelta al albergue!

Mika, mi mujer:

—¿Y qué ha hecho ahora?

—Pues lo de siempre. Ni siquiera puedo ponerme los zapatos. ¡No deja de darme cabezazos!

—¿Y de saltarte encima?

—Sí.

—¿Y de arañarte con las patas?

—¡Sí!

—¡Madre mía, pero qué pesado es ese perro!

—¡¡¡Sí!!!

No obstante, resulta sorprendente cómo decimos todo eso. Con una sonrisa en los labios y risas en la escalera. Frosty se muere de ganas de salir, nada más. Está claro que antes no lo sacaban mucho a pasear. Los primeros meses que estuvo con nosotros, era como sacar a una tormenta eléctrica en su punto de mayor actividad. O a un TDAH con patas. Pero de eso hablaremos más adelante.

Primero debería extenderme un poco más sobre lo que estaba diciendo antes para dejarlo todo bien claro desde el principio, como cuando vas a un acto público y te dicen cuáles son las normas de la casa. Que apagues el móvil y todo eso.

Aquí, las normas básicas son algo diferentes. Deberías saber lo que te espera, o al menos quedar advertido de ello. Se trata sobre todo de la terminología..., o de la brusquedad, la crudeza, puede que la absoluta hostilidad. A ver, que se supone que soy un buen tipo. Soy amable, soy buena persona. La gente sabe que tengo un trato fácil y un espíritu generoso. No obstante, cuando te pones a escribir sobre tu vida en lugar de una obra de ficción (que es lo que hago para ganarme el pan), puedes tomar varias direcciones diferentes. Puedes proyectar lo que la gente piensa de ti y mostrarte educado y encantador y correcto; o puedes enseñarle a la gente cómo eres, pero de verdad. Impaciente, susceptible, malhablado, a veces cruel. Alguien que siempre se esfuerza por dar lo mejor, pero que nunca está cerca de conseguirlo... Más que nada porque en el pasillo hay un perro blanco enorme que no hace más que ponerle la zancadilla.

¿Un ejemplo que venga al caso?

Lo del albergue.

¿Resulta insensible llamar «albergue» al centro de rescate de perros o la perrera? ¿Es cruel, poco empático para con las personas que han estado o están en situación de necesitar un techo? ¿Hay alguna probabilidad de que no me importe lo más mínimo? Dejaré que juzgues por ti mismo.

Lo que sí diré es que no he sido necesariamente el ciudadano modélico que la gente cree que soy, o que debería ser, sobre todo en lo referente a mis perros. A veces he reaccionado de forma desmesurada.

Ha habido asesinatos, por ejemplo, y encubrimientos. (Puedo explicarlo, lo prometo). Ha habido peleas callejeras, peleas en parques, una amplia gama de altercados de menor importancia y también vandalismo, casi siempre en casa. Ha habido montones de reniegos, maldiciones y blasfemias. Ha habido insultos, humillaciones, desprecios, exabruptos, rencor (tanto creado como guardado). No ha faltado de nada. Una vez, uno de nuestros vecinos llamó a la policía a las dos de la madrugada porque creyó que Mika estaba arrastrando un cadáver por nuestro jardín trasero ella solita. Hemos tenido que hacerle un lavado de estómago a algún perro, a mí me han dejado KO en la hierba. Incluso he placado en plena noche a un perro con planta de supermodelo, dedicándole todos los insultos que puedas imaginar. He mentido, he engañado. He estallado, he ladrado.

Pero también, y puede que esto sea lo que me salve...

Por alguna razón...

He amado.

Entramos ahora en mi vida de perros.

Lo cual nos lleva de nuevo a Frosty, o simplemente Frost.

(En casa somos abreviadores, alargadores y apodadores compulsivos, y con Frosty no hemos hecho ninguna excepción. Ya cuenta con una buena selección de motes que van desde Socio, Colega, Caraculo, Chico, Greñudo, Mofletones, Cabezota, Babas, Blanquito, Copito, Bola de Nieve, Frostel, Frozman, Frozzle o Frozzy hasta, desde muy al principio, todas las variantes de la Europa del Este que con tanta facilidad se adoptan en familias con apellidos como Zusak. Cosas del estilo de Frostusczko, Frostusch, Frostolusch, Frosthund, etcétera).

Sea como fuere, lo llames como lo llames, Frosty es en todo momento la última pieza del puzle: el desencadenante que me ha hecho ponerlo todo por escrito.

Por dar algo más de contexto, añadiré que la gente llevaba casi una década pidiéndome que escribiera sobre mis perros. Siendo yo alguien que normalmente se mezcla con el fondo cuando está en público, que no llama para nada la atención, muchas veces me han reconocido a causa de mis animales. Esos bultos hechos de pelo y resuello que han constituido una parte tan enorme de mi vida.

Sin embargo, tenía un problema: cuando intentaba escribir sobre ellos, siempre me faltaba algo. Dentro de nosotros guardamos muchos libros, por lo visto, pero casi ninguno está del todo preparado. Son montañas durmientes, pendientes de contar. Volcanes sin cima. En su interior contienen numerosos fuegos, pero no el necesario para entrar en erupción. En el caso de mi vida con estos animales, solo ahora he encontrado la forma de conseguirlo. Lo que necesitaba era la llegada de este tercer perro. Un conducto de vuelta al pasado.

Si a alguien debo agradecerle este libro, es a Frost.

Sus predecesores fueron Reuben y Archer:

Gánsteres, pistoleros. Soldados.

Vivieron y aterrorizaron juntos.

Básicamente, una pareja de perros mafiosos.

Su capacidad para intimidar llegó a ser legendaria, pero había mapas con rutas que conducían a sus bellos corazones. Reuben era un mastuerzo descreído, aunque capaz de un amor enorme. Archer era bastante elegante, en realidad. Sabía ser el perfecto caballero..., siempre que se dieran las circunstancias adecuadas.

Primero falleció Reuben; un duro guerrero caído tras una vida digna de Johnny Cash. Archer se fue poco después, como si lo arrastrara una marea que se lo llevó consigo.

Nada tiene el valor de un perro agonizante.

Déjate de diamantes, perlas o cualquier otro tesoro mundano. Dame pelo y hedor y ojos suplicantes, la triste calidez de un perro que deja la vida en tus brazos. No es posible saber cuánto los has querido, creo, hasta que llamas para que los sacrifiquen o hasta que te dan los resultados de un análisis de sangre y no puedes hacer más que llorar en la ducha.

Después de que cada uno de ellos nos dejara, durante un tiempo intenté poner sus vidas por escrito, pero nunca llenaba más de una o dos páginas. Acostumbro a saber si podré escribir un libro hacia el final de la primera frase, pero encontrarla puede llevarme una eternidad.

En gran medida, era completamente normal.

Comprendí que aún no era el momento.

Las ideas para un libro casi nunca funcionan al principio. A menudo describo el proyecto en el que estoy trabajando como un mundo que existe en paralelo a mí. Sé que la cosa va bien cuando noto que puedo dejarme caer de la cama por las mañanas y aterrizar «allí», dentro del libro. Pero sucede un poco como con el respeto, que conseguirlo cuesta una barbaridad y perderlo es facilísimo.

Dicho eso, las historias de esos perros debían resultar sencillas. Eran recientes y rudas, también cercanas. Su realismo era más extraño y más duro que cualquier ficción, de manera que ¿qué me impedía escribirlas?

Tenía muchísimos puntos de partida, tantos como para arrancar un millar de relatos: mañanas salvajes e indómitas, tardes perras. Habían entrado y salido de mi vida entre 2009 y 2021, pero por algún motivo no era capaz de encontrar nada a lo que aferrarme. Quizá había demasiado a lo que hacerlo. Demasiada destrucción masiva. Demasiadas tragedias embarazosas. Y, desde luego, demasiada comedia; comicidad pura y dura. Al fin y al cabo, ¿para qué te buscas un perro si no es por el caos mismo, si no estás deseando que la anarquía llame a la puerta de tu casa? Todos parecemos aspirar a controlar nuestras vidas, pero luego tiramos alegremente ese control por la borda. Tenemos hijos, acogemos animales. Aceptamos más trabajo del que deberíamos. Entrenamos a un equipo de fútbol indisciplinado.

En mi caso han sido muchas de esas cosas, o todas, de hecho, pero la guinda del pastel la pusieron Reuben y Archer:

Una vida con un par de perros indomables.

Al recordarlo ahora solo puedo sonreír, no obstante, porque esos perros me hicieron como soy, o al menos me remodelaron. Sospecho que fueron un espejo para mis cuitas ocultas, para mi indomable interior. En cierto modo incluso organizaron mi tiempo y, como comento a menudo, sobre todo con dueños de perros que no tienen hijos: «Si te paras a pensarlo, no es una mala forma de vivir: recordar tu vida a través de tus perros». (Suelo calcular en qué año sucedió algo solo con poner en contexto al perro correspondiente).

Para serte sincero, el tiempo siempre fue una consideración fundamental con Reuben y Archer; lo único que hacía era intentar sobrevivirlos.

Por añadir algo más a las descripciones anteriores (y tal vez a las fotos de sus fichas policiales), Reuben era un mastodonte con manchas, un lobo feroz ante nuestra puerta, al que no solo veríamos asomar las orejas, sino al final también una sierra: un príncipe oscuro en el exilio, o en el purgatorio. Archie, en cambio, era un asesino con pintas: un guaperas rubio con ojos del color de la miel y unas patas que lo emparentaban con la realeza, o como mínimo con Grace Kelly. Una ironía que siempre resultaba peligrosa, porque era a él a quien más debíamos temer. Acabamos convencidos de que se había convertido en el sicario de Reuben.

Era algo que costaba reconocer, como quien tiene un problema con la bebida, quizá: «Tengo perros peligrosos».

Así que en cierto momento adopté un mantra.

«Lo único que debo hacer —me repetía— es superar la prueba de estos dos perros. Conseguir que vivan hasta el final sin hacerle daño a nadie de verdad...». Porque en ocasiones eran un peligro evidente para las personas. Y, todo sea dicho, logré mi objetivo. Bueno, al menos en lo tocante a los humanos. No hubo ninguna herida que requiriera hospitalización. (Aunque, desde luego, una vez hubo que llamar a una ambulancia para mí, y años después tuve que operarme). Pero está claro que sí hubo rasguños y puntos de sutura, y ciertos incidentes que obtuvieron notoriedad. Otra cosa no, pero que, por ejemplo, uno de tus perros muerda a una profesora de piano llama bastante la atención. Le da mucho que hablar a la gente mientras tú te precipitas por los insospechados abismos de la vergüenza. ¡Madre mía, qué infamia!

Pero ya basta.

Voy a mi argumentación final.

Al principio fue la pérdida de Reuben.

No mucho después de que muriera —y su muerte, de una belleza brutal, resultó típica de ese perro—, Mika se me acercó una noche y me dijo:

—De verdad que creo que deberías escribir sobre él.

Lo intenté, pero no sentía nada.

Después, con Archer, estaba demasiado destrozado.

Hizo falta un periodo de espera y, luego, la llegada de un nuevo impostor, como lo son todos al principio... Cuando aún no se muestran por entero y nunca llegan a ser del todo ellos mismos, sino que se amoldan a los perros de nuestro recuerdo. Lo que llegó fue Frosty, una ráfaga de frío helador.

Siempre habíamos dicho que, cuando nuestros animales murieran (también tuvimos dos gatos), nos daríamos un año de margen antes de volver a planteárnoslo siquiera. Incluso tuvimos delirios de grandeza como el siguiente: «¡Por fin podremos viajar! Podemos vivir tres meses en Nueva York, luego en Barcelona y después donde queramos...».

Sin embargo, corría 2021 cuando todos los animales nos dejaron. La covid custodiaba el mundo. No se podía viajar a ninguna parte del país, menos aún salir de él, y había perros que necesitaban un hogar. Cuando murió Archer, el 20 de abril de ese año, el plan era esperar por lo menos seis meses. Necesitábamos el dolor y la pena. Estar solos, estar «sin», y también nos apetecía disfrutar de un descanso.

Seis meses.

Duramos tres.

Para entonces, nuestros hijos estaban más que preparados. (Los niños que saben de animales son ladinos. Los nuestros no se hicieron los pesados; lo pidieron una sola vez, luego esperaron). Yo, a solas, ya había cometido el error de asomarme a la pantalla del ordenador para mirar perros, pero ninguno me parecía del todo adecuado... Hasta que vi a ese bobo llamado Frosty. Todavía no podía saber el regalo que me traería consigo, el principio perfecto que necesitaba, y en un entorno muy público:

Un hombre en guerra con su perro.

Imagina lo que se ve y lo que se oye ahora.

El sol del atardecer en Sídney.

Estamos cerca de finales de agosto, son las cinco y media de la tarde, la luz se intensifica como suele suceder aquí, que se dilata hasta acabar muriendo hecha bronce tras los edificios. Todavía estamos atrapados en el modo pandemia, lo cual significa que en la calle hay más gente que nunca; una multitud que pasea a sus perros. (Piensa lo que quieras de los ciudadanos de Sídney, pero la mejor forma de conseguir que hagamos ejercicio es decirnos que no podemos salir). A pesar del confinamiento hay mucho tráfico, un montón de coches y de conductores y de música. Hay personas con chaqueta, perros con correa, y noto que mi pulso empieza a caldearse. Siento el latido desde el cuello hasta los pies.

Estamos saliendo del parque, donde Frost acaba de pasárselo en grande, mejor que en toda su vida, pero aquí es donde la cosa se pone peliaguda porque de nuevo va atado con la correa, y eso tiene un significado inmediato:

FROST CON CORREA = PERRO FRENÉTICO

Es algo que supimos casi desde el minuto uno.

Que en las calles habría violencia.

A ver, en algún lugar muy dentro de él, Frosty lo sabe. Sabe que tiene que fastidiar hasta al último perro al que le ponga los ojos encima, y tiene que ser ya.

¿Quiere hacerles daño?

No, no quiere eso.

Lo que quiere es hacernos daño a nosotros.

Con tal de alcanzar a esos perros y jugar con ellos, charlar con ellos, correr con ellos, es capaz de destrozarnos las piernas y las rodillas. Se lanzará en cualquier dirección posible antes de volver a abalanzarse sobre nuestros cuádriceps. Dientes sobre carne y cartílago; quiere que nos quitemos de en medio.

Con él lo hemos hecho lo mejor que hemos podido, sin duda. Cuando te has pasado una parte nada desdeñable de tu vida educando a un par de perros amenazadores, te invade una falsa sensación de seguridad. Crees que podrás con cualquier cosa, y entonces te traes a otro a casa.

Intentamos ganárnoslo con chuches. No funcionó. Luego apliqué mano de hierro. De nuevo, un fracaso estrepitoso. ¿La voz firme y contenida de un maestro? No significaba nada para nuestro Frosty, el del albergue. Él sabía cómo conseguir lo que quería.

A esas alturas llevábamos casi dos meses con miedo de cruzarnos a cualquier otro perro por la calle. Frosty cogía impulso, aunque solo fuera unos centímetros, y nos atacaba por el flanco. La pobre Mika llevaba un muestrario de moratones en las rodillas: primero negros, luego azules y amarillos.

Hasta que por fin decidimos tomar una decisión.

Haría lo que había que hacer. Algo por lo que bien podrías odiarme. Liberaría el secreto de mi interior indomable, la furia y el ardor, para contestar la única pregunta que me hacía ese perro. ¿Quién era el jefe, él o yo?

En la siguiente ocasión en que intentara arrollarme...

... sería yo quien lo arrollaría a él.

Resulta interesante estar ahí de pie, esperando a que cambie el semáforo. Cuentas los humanos que hay al otro lado, tomas en consideración su arsenal de perros, y con eso me refiero a perros «inocuos», que no incitan a la guerra más que con su mera existencia. Ahí está la pequeña figura digital roja, pero que pronto será verde. Y, después, solo esa bestia indomable del color de la nieve y yo.

El semáforo cambia, comienza el martilleo electrónico: una llamada a los animales de la otra acera.

Doy un paso y Frosty ya se ha lanzado contra mí. ¿Qué puedo decir? Solo esto: nada hay tan peligroso como un hombre cuyo perro ha estado atacándole y ha decidido contraatacar. Lo peor de todo es que estamos completamente rodeados por una horda de personas normales. Personas normales con perros que no están locos.

Ahora mismo estoy cruzando golpes con Frosty y, si te digo la verdad, lo tengo algo sorprendido. ¡Pam! Con toda la mano abierta. Y otra vez en cuanto vuelve a intentarlo: mi palma contra su morro. ¿Eso ha sido un gancho o un *uppercut?* No importa, porque ahora lo tengo inmovilizado en el suelo mientras la gente pasa junto a nosotros y mi voz, tensada al máximo, grita contra su oreja.

—¡Nunca más, NUNCA MÁS, vuelvas a hacerme eso! ¡NUNCA! ¡¿Me oyes?!

Me mira con los ojos muy abiertos.

Está tumbado de lado, aplastado contra el hormigón.

Respira con pesadez.

A los dos nos cuesta respirar.

¿Eso ha sido un tenue esbozo de asentimiento?

La gente que pasa junto a nosotros nos mira, pero no me importa. Casi quiero que digan algo, aunque también estoy pensando: «Aquí no hay nada que ver, circulen». Pero nadie dice ni una palabra. Al fin y al cabo, esto es Sídney; las críticas se lanzan en silencio.

Por supuesto, cuando Frosty consigue volver a levantarse nos enfrentamos a una crisis más, y no utilizo esa palabra de manera indiscriminada, porque se trata de algo más que de un simple problema.

Hemos perdido la oportunidad de cruzar.

Tenemos que esperar otra vez, y esperar otra vez es lo que haremos hasta conseguir que esto salga como tiene que salir. ¿Cuánto puede costar atravesar estos carriles de tráfico? En su momento me supuso una buena dosis de vergüenza y adrenalina, pero ahora, al recordarlo, lo veo. Veo lo que llena ese espacio, lo que nos separa de la lejana orilla de «conseguirlo».

Es el tiempo pasado con perros, creo, y todo lo que conlleva. Hasta los tópicos más comunes, como que en realidad no escogemos a nuestros perros, ni los rescatamos, sino que son ellos quienes nos rescatan a nosotros.

Y eso es cierto, pero también una memez.

Al final, todo se reduce a una sola cosa: al trabajo. Trabajo, y en gran parte trabajo sucio. Los perros nos cambian la vida para traernos caos, pero ese caos resulta grotescamente memorable. Y, la verdad, ¿qué más se puede pedir? No hay un solo perro al que quiera olvidar.

Así que ahí estamos ahora.

El semáforo volverá a cambiar.

Se ha reunido un nuevo grupo de personas con sus Spaniels, sus Retrievers y sus perros falderos. A regañadientes, veré cómo van acumulándose.

Sí, lo único que tenemos que hacer es cruzar esta calle con sus muchos peligros y tentaciones. A mi lado tengo a un perro loco, los perros de mi memoria se nos han adelantado; están en las páginas que vienen a continuación. En ellas hay amor y bestias y errores salvajes, y remordimientos, pero nunca tantos como para querer cambiar nada.

Nos lanzamos de hocico a la vorágine.

Primera parte

Reuben

El perro que salió arrastrándose del suelo

Lo extraño es que esto empieza con gatos.

Teníamos dos.

Eran atigrados, normales y corrientes, aunque uno era especialmente bonito, con grandes ojos verdes y una mancha blanca que le cubría el pecho como un chaleco. El otro era más fornido, más clase trabajadora. Rayas grises tirando a gruesas y grandes garras negro asfalto.

El más bonito se llamaba Bijoux; se lo puso Mika.

El más fornido era Brutus; se lo puse yo.

No existe ninguna duda de que somos «de animales» y, dentro de eso, nuestro subgrupo sería el de «de perros», así que es un misterio que empezáramos con gatos.

Estábamos en 2003.

Vivíamos en un pequeño adosado en el sur de Sídney.

(Tal vez por eso escogimos gatos, aunque otros vecinos del complejo sí tenían perros).

Los primeros puertos en los que recalamos fueron la Real Sociedad para la Prevención de la Crueldad contra los Animales (RSPCA) y unos cuantos refugios más, pero no tenían gatos disponibles, así que los compramos en la tienda de mascotas del barrio. Mika escogió a Bijoux de entre una decena de gatos que había en una jaula. Cuatro o cinco semanas después, Brutus era el único que quedaba. Era demasiado mayor para seguir resultando mono, ya no era un gatito, y el dueño de la tienda nos lo ofreció gratis. «El mejor gato que he tenido aquí», afirmó, y nosotros estábamos más que dispuestos a creerlo. No había cajas de cartón y ya estaban cerrando, así que Mika se lo llevó en brazos a casa..., donde recibió una tunda de campeonato. Resultó que Bijoux era implacable.

Desde luego, tienes todo el derecho a preguntarte qué hace un libro sobre un escritor y sus perros empezando con dos gatitos grises, pero, créeme, esos gatos resultaron un entrenamiento esencial:

Bijoux era un guerrero. Un Gengis Kan felino.

Brutus, el eterno bonachón.

(Aunque años después lo vimos entrar una noche con una rata muerta y comérsela entera en un rincón de nuestro dormitorio. En serio, le hincó el diente como si estuviera en una especie de cantina. Me recordó esas películas en las que salen soldados rasos tragando toda la comida que pueden durante la instrucción básica. Todavía oigo la voz de Mika, arrancándome del sueño.

—¡*Kochanie,* Brutus ha traído una rata! Ay, no, qué mal. ¡Es horrible! ¡AH! ¡Mierda, que se la está comiendo!

Nos quedamos petrificados mirándolo.

Eternas estatuas de sal.

—No se comerá la cola, ¿verdad?

No mires no mires no mires.

—Ay, que creo que sí.

La cola desapareció en un suspiro.

De la rata no quedó ni rastro.

Aun así, debo reconocer que le encontré un lado positivo: me alegré de no tener que ocuparme del cadáver. Esas tareas siempre recaían en mí, y esta vez el trabajo ya estaba hecho. Solo quedaban la alfombra y alguna que otra mancha de sangre).

A ver, entiendo que resulta bastante bárbaro, pero en realidad Brutus —más conocido como Brutie— era el más sensible de los dos. Tenía un estilo de maullido agudo, casi silencioso, pero ronroneaba a más decibelios que cualquier aspiradora. Se acomodaba en tu regazo en la sala de estar, o en el despacho, o en la cama, y se aovillaba hasta formar un caparazón.

Bijoux, como ya he dicho, era el amenazador. Te arañaba para despertarte, casi siempre en la cara, pero también incluso en los dedos de los pies si no te los habías tapado. Tenía megapeleas con los gatos de los vecinos y las ganaba con una facilidad despiadada pese a su pequeño formato. Cuando maullaba, lo hacía con todo el cuerpo. Lo oías y pensabas: «Caray, sí que está cabreado ese gato». Aun años después, cuando decía cosas como «Tenemos dos gatos, dos perros y dos hijos... Y los hijos son lo más fácil», me refería sobre todo a Bijoux. Me iba a un congreso de escritores, o de gira para la presentación de un libro, y me preguntaba por qué estaba todo tan tranquilo. No eran los gritos de los niños ni los ladridos de los perros lo que echaba en falta, sino la ferocidad de los maullidos de Bijoux. Todas y cada una de las palabras que salían de la boca de ese gato, de la mañana a la noche, eran una sarta de blasfemias y barbaridades. Sabíamos perfectamente lo que decía.

Seis de la mañana. Se plantaba ante ti:

«¡¿Y SI ME PONES ALGO DE COMER, CAPULLO?! ¿A QUÉ ESTAMOS ESPERANDO, A QUE SEA NAVIDAD? ¡JODER YA!».

Y lindezas por el estilo.

A las ocho, a las diez, a mediodía, por la tarde... Básicamente el día entero. Trataba a los humanos como si fuéramos el blanco de una galería de tiro. Mientras Brutus descansaba —ronroneando en algún rincón, las más de las veces encima de mi portátil encendido—, Bijoux estaba al acecho, como un sargento.

«¡OTRA VEZ TÚ! —ladraba (sí, sí, ya lo sé, pero sígueme la corriente)—. ¡¿ERES CONSCIENTE DE QUE NO QUEDA PIENSO?! ¡YA ESTÁS TARDANDO, CABEZAHUECA!».

Confieso que en más de una ocasión pensé en estrangularlo, pero también me inspiraba cierto respeto. Era un tipo duro, tengo que reconocerlo. Puede que tuviera pinta de niñato de colegio privado, pero por sus venas corría sangre de matón. De haber vivido siguiendo un código o un sistema de creencias, estoy seguro de que habría sido simple y llanamente «No me fío de nadie».

Además, estamos convencidos de que Bijoux gastó muchas más que siete vidas hasta que por fin perdió la batalla. Pero esa es una historia para más adelante, porque da para mucho.

Durante aquellos primeros años, se cayó por lo menos dos veces desde una altura de tres pisos y continúo su camino como si nada. Sobrevivió a la peor plaga de garrapatas paralizantes que habíamos visto jamás. En cierto momento, acabó con la cabeza atrapada entre dos rocas gigantes, escondido en unos arbustos, y debió de pasar allí como unas treinta y seis horas. La lista sigue y sigue.

(Hago un añadido posterior al editar esto: ese gato también podía ser muy tierno, aunque de una forma dinámica o visceral. Si te quería, te quería a lo bestia. Ronroneaba de una manera muy física. Se frotaba contra tus espinillas con habilidad y se enroscaba alrededor de tus pies. Su cola, una cobra serpenteante. Fruncía alegremente tu regazo con sus patas antes de tumbarse y apoltronarse allí durante horas. También recuerdo todo eso, pero su lado rudo era muy extremo y, por lo tanto, mucho más fácil de documentar).

El mejor ejemplo de la dureza de Bijoux, sin embargo, lo vivimos una memorable mañana de domingo, y él no tuvo ni que levantar una garra con agresividad. Fue el enfrentamiento del camino de entrada.

No mucho después de comprar los gatos, nos trasladamos a varios kilómetros de distancia. La casa nueva era de cedro y estaba construida sobre pilotes en una parcela grande y escarpada, en el quinto pino de Sídney. Nuestra casa quedaba escondida detrás de otras, al pie de una colina. Había muros de contención de diferentes alturas y solares vacíos a uno y otro lado. Nuestros vecinos más cercanos, puede que unos cincuenta metros al sur, también tenían un gato: una bestia parda merodeadora que se llamaba Jackson. Y Jackson tomó malas decisiones en la vida, una de las cuales no tardaría en lamentar.

Básicamente, durante varios meses después de que nos mudáramos allí, estuvo entrando por nuestra gatera con asiduidad para zamparse el pienso de Bijoux. (Digo «de Bijoux» porque está claro que este solo le cedía a Brutie las sobras, los restos que él ya no quería). A veces entrábamos en el lavadero y allí estaba el ladronzuelo de Jackson, una presencia gigantesca e inquietante. Era blanco con manchas negras, y se inclinaba sobre el cuenco para atracarse y saciar su alma glotona a base de piensos Whiskas o Snappy Tom. Hasta que algo se hizo evidente:

Bijoux había decidido tomar una decisión.

Fuera, cerca de la puerta del lavadero y la gatera, había un pequeño tramo de muro de contención. Color arena, buena geometría. De apenas un metro de alto.

Íbamos a salir a comprar y, al pasar por el flanco de la casa, vimos una estampa algo peculiar. En lo alto de ese muro, Jackson y Bijoux estaban librando una guerra psicológica. Ambos agazapados hacia delante, completamente inmóviles, hocico contra hocico. La mejor manera de describirlo es como un calco de un póster promocional de boxeo que tuve una vez —«Ali contra Frazier II»—, en el que los dos luchadores se fulminaban con una mirada feroz a un milímetro de llegar a tocarse.

—Eh, Mika —dije—, mira eso.

Ninguno de los dos gatos movía un solo músculo. Ni un bigote, ni un tendón. Conociendo a Bijoux como lo conocíamos, también estábamos bastante seguros de lo que estaba comunicándole a Jackson, ese caco codicioso.

«Deja que... te diga una cosa..., gordales. Esta es una línea que no volverás a cruzar. Un paso más y te arranco las malditas retinas. Me comeré esas orejitas que tienes de un mordisco. ¿Queda claro?».

Tres horas después, regresamos.

Los dos gatos estaban en el mismo lugar.

Ninguno de los dos había cedido terreno, pero, que sepamos, Jackson no regresó jamás.

De manera que esa era nuestra vida por entonces.

Mika, yo, un par de gatos, una casa sobre pilotes en las afueras.

En 2006 tuvimos una hija y le pusimos Nikita. Durante un tiempo le abreviamos el nombre a Niki, pero ella no tardó en decidirse por Kitty. Tenía tres años cuando Mika y yo empezamos a sentir la necesidad de movernos y cambiar otra vez de casa. (En aquella época, a ella le gustaba trasladarse cada tres o cuatro años. Ahora es diferente; se queda y hace reformas). La mejor parte de esa historia para mí fue que le había dicho en repetidas ocasiones a la gente que esa casa me gustaba tanto que tendrían que sacarme de ella metido en una caja. Ahora reconozco que era el momento oportuno para trasladarse, pero sigo recordándola con mucha alegría. En ella vivimos un sinfín de episodios preciosos. Nos reímos mucho. Allí escribí el libro que más éxito me ha reportado. Aun así, resulta muy elocuente que la imagen que recordaré siempre sea esa, la de Jackson y Bijoux mirándose a los ojos en un duelo sobre aquel muro. Todavía hoy, que Bijoux ya no está con nosotros —y seguro que Jackson tampoco—, sigo viéndolos allí en espíritu, sin ceder ni un centímetro, ninguno de los dos, desde la otra vida.

En septiembre de 2009 nos mudamos a donde vivimos ahora.

Los barrios residenciales del este no acaban de ser nuestro sitio. No del todo. Uno de los distritos más elegantes de Sídney.

Mika es del oeste.

Yo, del lejano sur.

La casa que compramos aquí era vieja y bonita, necesitaba alguna reforma y tenía un jardín trasero extrañamente grande para una propiedad tan cerca del centro. Bromeábamos diciendo que haríamos bajar el valor inmobiliario de la zona con ese coche viejo y desvencijado del que yo no era capaz de desprenderme, y también porque vomité en plena calle cuando no hacía ni una semana que nos habíamos mudado allí, después de pillar uno de esos virus estomacales que duran veinticuatro horas. Además de eso, teníamos dos gatos de gama básica... y, pronto, un perro sarnoso.

Empezamos a hablar de un perro porque a Kitty le encantaban todos los animales, pero los perros eran los que más le atraían. Los padres de Mika tenían dos, ambos de los grandes, y nuestra hija había aprendido a respetarlos. Los abrazaba, los apreciaba muchísimo, pero nunca cruzaba el límite. Jamás se les subía al lomo ni les aplastaba la cara, y los perros correspondían a su cariño.

Ese mismo año, unos cuatro meses antes de mudarnos, habíamos ido a ver a nuestros amigos Dana y Daniel y a sus hijas a

San Francisco. Yo había conocido a Dana en 2006, durante mi primera gira de presentación de un libro (ese que había escrito en nuestro hogar anterior), que resultó tener lugar en Estados Unidos. Era una novela que yo creía que fracasaría, titulada *La ladrona de libros.* Al contrario que la mayoría de las giras de presentación, que los editores organizan para que el escritor realice en solitario, en esa ocasión viajábamos juntos un grupo de autores, y muchos acabamos siendo grandes amigos. Estaban Dana Reinhardt y también el excelente matrimonio de escritores Laura y Tom McNeal, además de mí.

(Los McNeal viven en San Diego. Por entonces tenían una Dóberman encantadora que se llamaba Edna; la cobardica más bonita del mundo. Incluso con el calor sempiterno y la comodidad de San Diego, se acercaba a la puerta de atrás y se ponía a tiritar. Una estratagema para que la dejáramos entrar y estar con todos nosotros).

En cuanto a nuestra estancia en San Francisco, la perra de Dana se llamaba Chayo, una bella mezcla de Collie, creo, a quien Daniel y ella habían encontrado completamente desatendida en las calles de Boston. La recogieron y se la llevaron a casa, y me encanta la historia de ese trayecto: saber que se hicieron cargo de esa perra preciosa y malnutrida, y luego perdieron la paciencia con ella en el coche. Chayo empezó a gimotear más o menos desde Nuevo México y ya no paró hasta llegar a California.

—¡Chayo, cállate, por Dios!

Después, por supuesto, empezaron a sentirse culpables.

Fue la primera de muchas pistas que apuntaban a que el amor no siempre es paciente. Sobre todo cuando se trata de perros.

Una tarde fue Dana quien se arrancó a decirlo.

—Tenéis que conseguirle una Chayo a Kitty.

Era la clase de frase que soltaba sin paños calientes, mientras estábamos todos sentados en los escalones de la entrada de su casa. Kitty abrazaba a la perra con delicadeza y le contaba cómo le había ido el día. Chayo la escuchaba con atención. Dana, con el pelo rubio más bien corto, vaqueros y camiseta, chaleco de plumas negro (en San Francisco siempre refresca), se frotó las manos e hizo «Brrr». Kitty seguía acariciando y narrando, y entonces Dana se volvió hacia nosotros.

—Sabéis que tengo razón, ¿verdad?

Lo sabíamos, sí.

En realidad, las dudas no nos acecharon hasta que regresamos a casa.

Pasaron los meses, nos trasladamos a esta vieja propiedad y, llegado noviembre, ya era tarde y yo estaba trabajando. Normalmente no trabajo de noche, suelo madrugar bastante, pero a veces me pongo por la tarde.

En aquel momento, Mika tenía un escritorio en nuestro dormitorio. (Ella es la otra mitad de nuestro negocio literario: lleva la gestión y hace cuadrar las cuentas). Yo estaba en la habitación del otro lado del pasillo cuando me llegó su voz.

—Oye, creo que he encontrado un perro para nosotros.

Levanté la mirada. Aparté la mirada.

El libro en el que trabajaba era *El puente de Clay* y estaba hundido en sus aguas oscuras. Acabé de escribir *La ladrona de libros* en agosto de 2004, así que ya habían pasado cinco años desde que había terminado algo, y seguía peleándome con los primeros capítulos. Más inquietante que eso resultaba que no hacía más que repasar la primera página; peor aún, la primera frase. (Debería confesar ya que *El puente de Clay* no se publicó hasta finales de 2017. Tras trece años de gestación).

Además de ese problema, no del todo baladí, había que tener en cuenta otros factores.

Primero, teníamos a otro hijo en camino.

Segundo, una de las consecuencias verdaderamente especiales de ese traslado fue que los gatos no dejaban de marcar territorio dentro de casa, aunque era difícil descubrir dónde, lo cual siempre me hace pensar en esa gente a la que se lo cuentas y enseguida te aconseja algo como «Pues tendrás que deshacerte de ellos». Yo me quedaba mirándolos y contestaba: «¿Quién te crees que soy, un capo de la mafia? ¿Quieres que los lance a las aguas del puerto atados a un bloque de cemento?».

Tercero, aunque *La ladrona de libros* se convirtió en ese golpe de suerte que trae el éxito con el que sueña todo autor, para comprar la casa habíamos pedido una hipoteca importante. Todavía teníamos facturas que pagar y una hija de tres años con la que pelearnos. Sí, le encantaban los animales y tenía un corazón de oro, pero aun así Kitty podía ser un tipejo muy duro. Me preguntaba si añadir un perro a la coctelera era justo lo que necesitábamos en esos momentos.

En ocasiones, sin embargo, hay que lanzarse y punto.

Nadie está del todo a salvo.

Decidimos cometer el error.

Me levanté del escritorio.

Vi a Mika de reojo, pero no entré a hablar con ella. En lugar de eso, me acerqué a la ventana.

Como casi todo el mundo, una de las primeras frases hechas que aprendí para cuando llueve fue la de «Hace un día de perros»... Pero ¿y si lo que se produce fuera un ciclón todopoderoso que trajera consigo a un perro único, que lanzara un animal telúrico a la faz de la Tierra? ¿Y si cayera un diluvio que arramblara con una montaña, y del suelo saliera arrastrándose un perro?

En cierto sentido, ese era Reuben.

Una creación casi mítica.

Estaba en mis manos, pero escapaba de ellas.

—¿Qué has dicho? —repuse por fin—. ¿Acabas de llamarme hace un momento? ¿Algo de un...? —Notaba el sabor de la palabra «perro» en la boca, pero no acababa de atreverme a pronunciarla.

Y esa es una de las cosas que tengo con Mika, creo.

Que casi pude oírla sonreír.

—Me has entendido perfectamente —dijo con una sonrisa enorme.

Un don para encontrar perros problemáticos

Esa noche de noviembre de 2009, Mika estaba peinando internet en busca de perros abandonados. Mi evidente consejo para cualquiera que se acerque a esas páginas de animales es que, hagas lo que hagas, si solo estás medio convencido, no mires. En cuanto has mirado, estás perdido. Ya puedes empezar a comprar la comida, las correas, las camas, los juguetes y a buscar el veterinario más cercano. Los más inteligentes puede que también empiecen a consultar seguros para mascotas.

Cuando Mika exclamó que había encontrado un perro para nosotros, de inmediato el dilema fue doble. Primero, a Mika —a quien adoro— se le da muy bien saber lo que quiere. Segundo, tiene un don para encontrar perros problemáticos, de esos que nadie más sabe manejar.

Un poco de contexto, aunque muy significativo, es la historia de cómo nos conocimos. En otro continente. Era la primera vez que yo viajaba; Mika, en cambio, demostraba una seguridad encantadora. Llevaba años visitando a menudo Polonia, el país donde nació y en el que vivió hasta los seis años.

Estábamos en 1998.

Me habló de su perra.

Tyja.

(Se pronuncia «Tiya»).

Un cruce entre Rottweiler y Pastor Alemán. ¡Menuda combinación! Y el dominio que Tyja tenía de su entorno, así como sus dotes en el arte de la ferocidad, digamos, habían alcanzado tintes de leyenda urbana..., o de barrio residencial, más bien.

Todo el que iba a casa de los padres de Mika en Edensor Park y se atrevía a salir al jardín de atrás, primero tenía que superar «la prueba de Tyja»: una pesadilla de examen. Por lo visto, la perra te rodeaba en círculos. Si le caías bien, te lanzaba una mirada de advertencia y se alejaba con indiferencia. Pero, si no le hacías gracia, gruñía y te enseñaba los dientes. Una orden clara y concisa: «Mueve el culo y vuelve ahí dentro».

Después de lo cual te seguía hasta la puerta y, en cuanto estabas al otro lado, como te atrevieras a alargar la mano se lanzaba contra la mosquitera.

¿Y yo?

¿Qué haces cuando conoces a una chica guapa en tu primer viaje al extranjero y te enamoras perdida y locamente y tienes que regresar antes que ella? Accedes a llevarle algo de ropa a casa, arriesgándote a que haya drogas y armas de fuego escondidas y a pasar el resto de tus días en una cárcel de Bangkok o Singapur.

Tras salvar airoso el reto de la aduana, llegué a casa y llamé a los padres de Mika para quedar y entregarles sus cosas, además de, inevitablemente, conocer a su legendaria perra.

Si te soy sincero, no estaba muy preocupado, aunque más me habría valido. Desde bastante joven suscribía la opinión de que, si no demostrabas miedo ante un perro y te comportabas con sentido común, el noventa y nueve por ciento de las veces no te pasaba nada... Aunque, a juzgar por lo que me habían contado, Tyja pertenecía al otro uno por ciento.

Como la mayoría de los trayectos en coche en Sídney, a la casa de Mika se tardaba entre cuarenta y cinco minutos y una hora, y llegué con más de una hora de antelación. No aparqué justo frente a la casa, sino más al final de la calle, que no tenía salida. Al avanzar a pie por el camino de entrada, vi a Tyja al otro lado de la verja, desde donde ladraba enseñando los dientes. Ese animal no estaba para tonterías. Llamé al timbre nervioso, por numerosos motivos.

Cuando entré, los padres de Mika fueron muy acogedores. La casa parecía hecha de pizarra y luz. Charlamos un rato, sobre viajes, sobre Mika, y comí un poco de la fruta que habían sacado, hasta que me hicieron la pregunta ineludible.

¿Quería salir a conocer a Tyja?

En fin, ¿qué iba a contestar?

¿Mirad, de verdad que quiero a vuestra hija, pero no tengo agallas para salir a enfrentarme a vuestra fiera?

Ya te digo yo que no.

Era el momento de ponerme a prueba. De comprobar mi fortaleza, tanto física como mental.

Cuando abrimos la mosquitera, Tyja estaba lejos, en el flanco de la casa. Por algún motivo, yo iba uno o dos pasos por delante y, en cuanto me vio, se detuvo. Me observó durante poco más de un segundo desde la distancia, entonces clavó las enormes patas en el suelo y echó a correr hacia mí. Grande, negra, musculada, hermosa, dio un salto inmenso, me interceptó... y empezó a lamerme. Se arremolinó alrededor de mis piernas como solo un perro es capaz de hacer y me olfateó y me pateó sin parar. Me lamió los brazos y las manos; sus dientes se insinuaban y se hacían sentir, pero más con emoción que con agresividad. Se tumbó y se puso boca arriba, así que me agaché y le rasqué la tripa.

Hasta el día de hoy, la madre de Mika, Halina, dice que pensó que era hombre muerto. Esa visión de Tyja volando por los aires con las zarpas preparadas... Jamás la había visto reaccionar así con nadie, aunque, para ser justos, no me engaño: seguro que fue cosa del olor. Es probable que oliera a Mika por la bolsa que traía con ropa suya, desde el momento en que me acerqué por el camino de entrada.

Aun así, a partir de ese día, Tyja y yo fuimos íntimos. Y, según cuentan, cuando me marché de la casa esa tarde, Halina llamó a Mika, que estaba en Varsovia, y le dijo:

—Acabo de conocer a tu futuro marido.

Tanto Halina como Tyja acertaron.

Avanzando por ese mismo futuro, la noche que Mika me habló desde el otro lado del pasillo, hacía tiempo que Tyja nos había dejado, pero un perro parecido empezaba a acecharnos.

—Ven a echar un vistazo —dijo, inclinada hacia el cachorro de la pantalla.

Le dije que enseguida iba, que estaba terminando de leer un capítulo. No era necesariamente el plan, pero algo después, cuando me fui a la cama, Mika ya estaba dormida.

Aun así, por la mañana me plantó el portátil en la mesa y me obligó a mirar. Me pilló en la cocina, con la guardia baja, y ahí estaba, justo delante de mí.

Ese perro era extraordinario.

Tenía manchas pardas, era oscuro y con pinta de salvaje. Una de sus orejas color tierra caía hacia delante con un encanto irresistible. Tenía cuatro meses y ponía morritos. Labios negros y una mirada que desarmaba. Casi parecía que era mitad hiena, pero estaba cargado de pintas y de carácter. Tenía cincuenta y dos tonalidades de marrón.

—Mierda —dije.

—Lo sé.

Me conocía muy bien ese uso.

«Lo sé» y su cómplice, esa sonrisa. Cómo sonaba, a mi lado, viva.

Mika se acercó más para mirar la fotografía.

—¿No es precioso?

—Bueno, está claro que algo es, aunque no sé si lo calificaría de precioso.

—¡Venga ya! ¡Si es guapísimo!

—Claro que sí. —No pude evitarlo—. Estilo «Acabo de salir de la cárcel, nena».

—¡Para! —Me dio una palmada en el brazo.

—Está bien —convine con ella—, es muy guapo.

En una montaña rusa de segundos, intenté encontrar algo para hacer que todo desapareciera, y poco después di con ello: Reuben. El nombre de encima de la foto decía «Reuben». Mis primeros tres libros publicados contenían un personaje principal que se llamaba así. Incluso aparecía en el título del segundo, *Fighting Ruben Wolfe.* Con una grafía diferente, pero Reuben de todos modos.

—Oye —dije—, no puedo tener un perro con ese nombre. ¿Te acuerdas de *Fighting Ruben Wolfe*? No puedo tener un perro con el mismo nombre que un personaje de uno de mis libros. —Me pareció un argumento bastante sólido—. ¿No resulta muy egocéntrico?

Pero ¿Mika?

Iba muchos pasos por delante, como de costumbre. Intenta tú ganar una discusión con esta mujer. Es imposible.

—¡Lo estás razonando mal! —dijo. Yo ya me notaba sobre arenas movedizas. Mika hablaba con signos de exclamación, empleándose a fondo—. ¡No ves que es una señal! Ese perro y tú estáis hechos *el uno para el otro.* —Y de pronto también en cursiva—. Estáis *predestinados...* —Hizo zoom en la foto y nos sumergimos en el animal, en todos esos marrones oscuros y profundos—. Además, siempre podemos cambiarle el nombre.

Cubriendo todos los flancos, por supuesto.

—Bien pensado —repuse—. ¡Eso lo soluciona todo!

A lo largo del día hubo más conversaciones (lo normal: que si de verdad era el mejor momento y tal), pero nos miramos y lo supimos. Mika lo había decidido hacía tiempo y de pronto también yo era cómplice. Cuando las agujas del reloj marcaron la medianoche, volvía a estar despierto con *El puente de Clay*, sin llegar a ninguna parte y pensando en ese perro. Mika seguía despierta, leyendo, cuando me metí en la cama y capitulé.

—Vale, vamos a echarle un último vistazo.

Fue como si estuviera sentada en un muelle.

Se levantó, fue a su escritorio y enseguida regresó con la imagen de Reuben en brazos. Dimos el salto fatal.

—Vengaaa... —arguyó Mika, muy mona ella, lo reconozco—. ¿Cómo vamos a decirle que no a esta carita?

Esta vez observé la oreja caída, los ojos de mirada indomable y los amotinados tonos de marrón, y descifré también un nuevo mensaje —del todo ficticio por mi parte, desde luego—, el de: «¿Quién va a quererme, si no sois vosotros?».

Luego, llámalo como quieras.

Agotamiento. Temeridad.

Me recosté en la almohada, reí a medias y cedí.

Se produjo un grandísimo suspiro de no retorno y supe que ya lo teníamos de camino.

—Vale —dije casi sin querer.

Una expresión tan sencilla y perfecta, con tantísimas ramificaciones. No es que yo tuviera la última palabra, pero esa clase de decisiones requieren un acuerdo total. Este había llegado a su fin, pero solo era el principio.

Al cabo de otros quince minutos, me quedé profundamente dormido y al soñar tuve pequeños espasmos, como los perros. Había unos hechos que yo sabía inmutables:

Reuben estaba ahí fuera, en alguna parte, pero pronto, al día siguiente, estaría allí con nosotros.

Y el día siguiente llegó, y allí estaba él.

El perro que amó a una niña

En realidad, Reuben era un perro muy dócil.

Entre otras muchas cosas.

Fiel a su foto de internet: un animalillo simpático de marrones y marengos variopintos —marrón, negro, marrón oscurísimo, tirando-a-marrón-pero-más-claro, luego otra vez más oscuro— y un hocico como si hubiera salido arrastrándose de una mina de carbón. En el pecho también tenía un pequeño diamante de pelaje blanco, pero era difícil verlo. Sus ojos decían: «Sé que soy ridículo, pero te querré con todas mis fuerzas».

Las orejas, triángulos lobunos.

Las patas eran un avance de lo que vendría; las ejercitaba para aguantar su propio peso.

Por descontado, tuvimos los problemas típicos del principio, como la característica falta de disciplina de los cachorros y el deterioro que sufrieron algunos objetos del hogar. A Mika no pareció impresionarla demasiado el estado lamentable en que quedaron un par de botas UGG, por ejemplo; Reuben no era excesivamente destrozón para ser un cachorro de cuatro meses. Además, por la noche dormía dentro de casa y hubo algunos escapes bastante importantes. Mika enseguida compró una aspiradora nueva, una con filtro de agua. (Por cierto, no sirven para la orina de gato —ni eso ni nada—, pero funcionaba a las mil maravillas con los deslices del perro).

Yo no me encontraba en casa el día que llegó.

No recuerdo dónde estaba.

Lo que sí recuerdo es que era de noche cuando lo entreví por primera vez, después de que Bijoux, reivindicando su derecho sobre la vivienda, acabara de arremeter contra él. Es probable que Bijoux también pretendiera dejar claro que era dueño de todos los humanos y, por descontado, del propio perro. El pequeño tipo duro no le quitaba el ojo de encima. Por absurdo que parezca, no puedo evitar imaginar su monólogo. Cada mirada era una declaración de intenciones.

«A ver, las cosas claritas desde el principio —le expuso sin rodeos—: aquí el que corta el bacalao soy yo. Ve a por mí y date por muerto. Toca mi comida y acabarás *Jacksoneado.* Mírame mal y lo mismito. De hecho, mantente lejos y a lo mejor me pienso lo de perdonarte la vida».

La primera vez que vi a Reuben en carne y hueso, corría de manera desmañada por el pasillo, lloriqueando.

Aunque tengo que reconocérselo a Mika.

Como promotora de la nueva adquisición, sabía que yo aún no estaba convencido por completo y asumió todas las responsabilidades. Sacaba a pasear a Reuben, le daba de comer. Recogía sus excrementos. Pero, sobre todo, lo quería. Durante semanas, Mika durmió en el sofá para encargarse de las visitas al baño a medianoche, con el perro tumbado en el suelo a su lado.

Kitty, cómo no, lo adoraba.

Era una niñita de tres años y medio, rubia y bastante rechoncheta aún, y Reuben le llegaba por la cintura. Se sentaban juntos a mirar cuentos. Deambulaban por el jardín trasero. Una niña y su animalito encantador.

En cuanto a mí, como ya he mencionado, no estaba entusiasmado del todo.

Reuben tendría que ganárselo.

No sé por qué costó tanto convencerme; Reuben era un animal que se apartaba de lo habitual. Por el mismo motivo que me encantan las imágenes que transforman una frase en algo insólito y la alejan de lo que esperabas, Reuben era el compañero perfecto.

La primera vez que lo saqué a pasear, fuimos al mercado y un tipo de uno de los puestos sonrió de oreja a oreja.

—¿Qué es? —preguntó—. ¿Una hiena?

Me eché a reír y contesté:

—¡Ya te digo!

El mundo había cambiado, y mucho, desde que yo tenía perro.

De hecho, yo nunca había tenido perro, o no había participado en la decisión. Cuando era pequeño, teníamos un Border Collie llamado Panda, y Panda vivía fuera, en el jardín, casi de manera exclusiva. Ya corría por allí antes de que yo naciera, y desde luego nadie lo sacaba a pasear religiosamente. Compáralo con la actualidad, para la que calculo una media de dos paseos diarios durante los últimos catorce años... Eso hace diez mil paseos de perros, o más.

Por descontado, a Panda se le dedicaba cierto tiempo y una pequeña parte de las vacaciones familiares. Nunca sufrió un maltrato claro, pero era uno de esos pobres desgraciados abonados a las promesas rotas. Mi padre se había comprometido a sacarlo a pasear, darle de comer y recoger sus excrementos, pero fue mi madre quien tuvo el honor de acabar haciendo todo el trabajo, y entre el que ya tenía, a jornada completa, y el caos de criar a cuatro hijos, Panda no disfrutó de muchas oportunidades de correr. Al menos no de tantas como debería. A ver, por el amor de Dios, ¡que era un Border Collie! En cualquier caso, son curiosas las cosas que recordamos. Cuando Panda ya era viejito, yo siempre sabía cuándo se avecinaba una tormenta, porque el pobre empujaba la puerta mosquitera con una pata o con el morro y entraba en casa sin hacer ruido. Yo me encontraba dentro haciendo deberes cuando, de pronto, tenía la sensación de que alguien me observaba y, efectivamente, me daba la vuelta y allí estaba el perro de mirada bondadosa.

—¡Eh, Pand! —Le sonreía—. Ven, anda, siéntate a mi lado.

Llegó a cumplir quince años.

Durante esa primera salida juntos, Reuben y yo volvimos del mercado por el Centennial Park.

Otra de las cosas que habían cambiado desde mi infancia era la necesidad de llevar bolsas para los excrementos de los perros. (No abundaré mucho en el tema, pero me niego a llamarlas «bolsas para las caquitas»; son para cacas o para excrementos. Lo de «caquita» me resulta demasiado fino).

En cuanto a las bolsas, no tienen mucho misterio. Son como los anuncios de la American Express: nunca sales de casa sin ellas. Suelo encontrármelas en los bolsillos de las chaquetas o en algún pantalón corto que saco del armario. Da igual si hace un año o dos que no me pongo esas prendas, seguro que vienen con bolsa de regalo. O estoy en alguna parte y de pronto me pregunto qué llevaré en el bolsillo del vaquero, que abulta tanto: una ristra de bolsas para cacas por estrenar. De verdad, están por todas partes, y hay veces que acaban en la lavadora. Tienen una resistencia sorprendente.

En cuanto a Reuben y a mí, nuestra primera salida con bolsas fue memorable. Pasamos junto a la estación de autobuses de

Waverley con la intención de cruzar por York Road y entrar en el parque. A la izquierda hay una verja de hierro enorme que da paso a lo que aún hoy llamamos el Campo de Reuben. Estábamos junto a la estación de autobuses cuando Reuben se alivió en la acera y... ¿Cómo decirlo con delicadeza? En el mejor de los casos, fue como si a alguien se le hubiera caído un batido. En el peor, algo monzónico.

«¡Por Dios bendito! —pensé—. ¡La Virgen santa!».

Ya lo sé, doble blasfemia, pero en ese momento consideré que era lo que la ocasión requería: la escena tenía dimensiones bíblicas. Empecé a limpiarlo, desesperado, en un acto de absoluta futilidad, y siempre es en momentos como esos cuando aparecen humanos de la nada.

Todavía recuerdo cuántas bolsas fueron:

Siete.

Siete bolsas y aun así no sirvió de mucho.

En cualquier caso, hice lo que pude hasta que me resigné y decidí seguir nuestro camino. Reuben me miraba sin comprender, como si no entendiera a qué venía tanto revuelo, y menos aún las palabrotas que solté cuando intentó subirse por mis piernas todavía a medio limpiar.

Por último, una lección vital.

Haz cuanto esté en tu mano, pero nunca mires atrás.

Las semanas se transformaron en meses.

Un nuevo año empezó y acabó.

Reuben creció, y comenzaron las conjeturas habituales acerca de su raza. La raza y la edad son preguntas obligatorias, tanto en la calle como en los parques para perros de todo el mundo. La semana pasada, sin ir más lejos, salí por la mañana con Frost y una joven me preguntó de qué raza era, qué edad tenía y si estaba castrado y completamente vacunado. Hasta que respondí que sí a todo el cuestionario no permitió que se le acercara su cachorro de Viszla.

Según la página web, Reuben era un cruce de Gran Danés y Labrador, aunque sospechamos que «Labrador» es el comodín que se usa cuando no se tiene ni idea. Por eso y para allanar el camino, para que el perro parezca idóneo para una familia: «Ah, un Labrador, entonces adelante».

Lo más probable es que Reuben fuera un cruce de dieciséis razas distintas, algo que no dejaba indiferente a nadie; desde luego el perro sabía polarizar las opiniones. Por cada persona que decía: «Ay, pero qué bonito es», otra te soltaba: «Mira, no te ofendas, pero creo que no había visto un perro tan feo en mi vida». Un poco hiriente, lo sé, aunque me daba igual, porque si algo tenía Reuben es que era único. He visto muchos perros grandes y manchados, pero ninguno que pudiera comparársele. Por lo general son perros atigrados de pelaje corto, de los de barriga casi pelada. Sin embargo, Reuben tenía un señor manto. Tal vez no fuera el pelaje más bonito de todos, era más un matorral que una mata, pero lo llevaba con un porte que ya quisieran muchos. Y llámalo como quieras —quizá síndrome de Estocolmo perruno—, pero por fin empezaba a cogerle cariño.

En otoño de 2010 empezó a hacerse evidente que estábamos hechos el uno para el otro, como había predicho Mika.

Aunque también ocurrió algo que no esperábamos:

Cada día se volvía más mío.

A veces, mientras escribo acerca de todo esto, me preocupa dar la impresión de que decidí quedármelos para mí. No sé cómo acabó sucediendo, no sé cómo terminaron siendo «mis» perros. Por lo general, estas cosas no tienen mucho misterio: se trata de la persona que les da de comer. En mi caso, creo que es porque madrugo. Siempre he sido el primero en levantarme en todas las casas en las que he vivido, y cuando eres la única persona despierta y tienes al perro delante de ti, lo sacas a pasear y luego, ya que estás, le pones el desayuno. Cuando quieres darte cuenta, está esperándote todos los días. Como dijo una vez Bruce, un amigo: «Yo creo que detectan el cambio en la respiración cuando estás a punto de despertarte». Quizá fuera por eso por lo que abría los ojos en la penumbra de las cinco de la mañana y a menudo veía la cabeza de Reuben, haciéndome señas.

Algunas noches Reuben dormía fuera, en la caseta de tamaño considerable que le habíamos comprado, pero por lo general se quedaba dentro, en su cama. Por las mañanas visitábamos el parque o paseábamos por las calles y los callejones de la ciudad. Cuando Mika, Kitty y yo íbamos andando a alguna parte, solía venir con nosotros, cosa que quizá nos llevó a tomar decisiones equivocadas.

Con respecto a esto último, una vez lo dejé atado a las puertas de Eastgate, uno de los centros comerciales más frecuentados de Bondi Junction. Una mujer llamó a Mika al número de teléfono que aparecía en el collar de Reuben. Según ella, parecía muy asustado, y ahora solo puedo volver la vista atrás y preguntarme si no le pediría demasiado, demasiado pronto, si no fue entonces cuando eché a perder a Reuben. En ese momento, ese día.

Durante bastante tiempo, a Reuben no pareció importarle volver a concurridas zonas comerciales, pero llegó un punto en que empezó a mostrarse cada vez más nervioso. Ladraba y amenazaba a los clientes, y cuando se sentaba siempre lo hacía vuelto hacia una dirección concreta; su postura era una brújula perfecta. Para Reuben, el norte estaba en casa.

Mientras tanto, hubo acontecimientos importantes.

Unas cuantas peleas, también ritos de iniciación.

Estaba alcanzando el tamaño de un perro grande, pero un día lo persiguió por el parque una cuadrilla de Bichones Malteses, los únicos perros a los que les tuvo miedo. Reuben jugaba con los niños y las visitas, o con cualquiera que entrara en nuestro jardín. Tuvimos nuestros desacuerdos, por descontado, y el catálogo habitual de fracasos. (La negativa a acudir cuando se les llama o a quedarse junto a ti, sobre todo en público, siempre produce apuro, pero con Reuben ese periodo fue corto. Teníamos rituales y él los cumplía a rajatabla).

Acordamos una rutina.

El turno de mañana era cosa mía. Me lo llevaba a diario al valle del Centennial Park, un lugar de encuentro para perros y dueños. Después, en los paseos de la tarde o de la noche, lo sacábamos todos juntos.

Durante esas mañanas corría y se batía en justas con una pandilla de pendencieros como él. Estaban Roo y Sam, cuyos dueños eran una pareja de ancianos; el hombre me recordaba al mayordomo de la familia Addams. Sus hijos ya se habían ido de casa y los habían sustituido por los perros, a los que tenían muy consentidos. Había otra pareja con un perro llamado Soda (por Sodapop, de *Rebeldes*) con quienes charlé acerca de esos nombres tan curiosos que aparecen en libros y películas, como el del tal Filé-com-Fritas de *Ciudad de Dios*, una novela y una película brasileñas magníficas.

Los fines de semana también teníamos a una versión de Reuben de pelo de corto llamada Thyla (pronunciado «Taila») por el tilacino o tigre de Tasmania. Pat y Clare, los dueños de Thyla, fueron los primeros que dijeron: «¿Quedamos en el Campo de Reuben?». Los perros corrían y jugaban a la vez, aunque quién sabe si no lo considerarían su trabajo. Las trifulcas, las fases del impacto. Las caras desde un sinfín de ángulos distintos. Eran perros con aliento de purasangres.

Al final de cada sesión, llamaba a Reuben con un silbido: un idioma de tres notas breves. Y él acudía a mi lado.

En mayo, Mika estaba de siete meses.

Reuben ya era un perro locuaz y revoltoso. Había crecido mucho, era alto y de constitución fuerte, pero sobre todo estaba ágil. Tenía la cara grande y oscura de un Pastor Alemán y el pecho de un peso medio bastante digno. Cuando te embestía, solo lo veías a él. Tenía aspecto de atleta, todo músculo y huesos, aunque todavía estaba descubriendo cómo usarlos.

Cuando lo sacábamos a pasear o a correr, se portaba a las mil maravillas. Por muy ansioso que estuviera por salir, nunca daba tirones desesperados a la correa. No había madrugada que no lo encontrara a mi lado. Sentía su presencia nada más despertarme.

(Y ahora me escuecen los ojos al recordar esas mañanas en que me volvía, lo veía y susurraba: «Eh, Reub, ¿qué tal?».

Las primeras palabras, dichas en la oscuridad y a la cabeza de un perro.

Recuperaría esas mañanas sin pensármelo dos veces).

Aunque nada ilustra mejor cómo era Reuben, ya incluso entonces, como su amor incondicional por la niña. Se entregó a Kitty en cuerpo y alma desde el primer día, y ella estaba igual de loquita por él.

Existe la idea arraigada de que la mayoría de los niños quieren una mascota en algún momento, aunque enseguida se cansan de ella. No fue el caso de Kitty. A decir verdad, creo que, en general, hoy en día es más habitual. Los animales forman parte de la familia. Los perros entran más en las casas, ya no duermen fuera. Te hacen compañía en la sala de estar mientras ven la tele contigo, son una presencia constante en la vida diaria, y cada uno tiene un don particular. El de Reuben era estar con Kitty. No había día en que no se celebrara un té o un pícnic.

Reuben solo me desobedecía cuando íbamos todos al parque. No se separaba de Kitty. Siempre se interponía entre la niña y cualquiera que se acercara a ella. No de manera amenazadora (para eso aún faltaba), pero sí ejercía de protector personal. Hubo una tarde en concreto en que estaba en el parque con Reuben, y Mika y Kitty vinieron después, no recuerdo por qué. Cuando llegó la hora de marcharnos, decidimos que yo volvería andando a casa con Reuben, y que Mika y Kitty irían en coche. Por entonces, Reuben aún no llevaba correa y se quedó a mi lado todo lo que pudo. Resistió el impulso de ir tras ella... hasta que se rindió. Dio media vuelta y echó a correr, calculando los riesgos. Obediencia o rebelión. Por mucho que yo lo llamara a gritos, sabía que el perro no volvería. Cruzó la circunvalación interior del parque y las interceptó en el coche. Me vi dividido entre mi orgullo herido (a ver, ¡el cabrón me había ninguneado!) y su entrega absoluta a Kitty.

—¡Ay, Reuben! —farfulló ella mientras el aire se le escapaba entre los dientes, o entre la falta de estos—. ¡Reubitín, ven aquí!

Prácticamente entró en el coche de un salto mortal. El maldito chucho se había transformado en gimnasta. Luego se sentó en la parte trasera y allí lo celebraron; Reuben con su completísima dentadura y ella con su típica sonrisa de niña, llena de socavones y brotes dentales.

—Eh, ¿subes? —me preguntó Mika.

La miré con falsa indignación.

—¡Qué remedio!

Pero ¿cuál es la prueba definitiva, y quizá mi favorita, de la devoción de Reuben por Kitty?

En esa época, lo más revelador era lo siguiente.

Cuando íbamos por la calle y ella pedía llevarlo, le dábamos la correa y avisábamos a Reuben.

—Eh, Reub, ahora va a pasearte Kitty.

Él se detenía, echaba un vistazo atrás, comprendía lo que pasaba y aminoraba su paso para acompasarlo al de ella. Caminaba con calma a su lado, volviendo la mirada de vez en cuando para hacer comprobaciones:

Kitty estaba contenta e iba a gusto. Estaba bien.

Todo continuó igual hasta junio.

En junio, Reuben se lanzó a por el fontanero.

El cambio

Con los años, tener perros te enseña a pulir y elaborar más tus respuestas a los comentarios y las preguntas más frecuentes. Durante el tiempo que compartí con Reuben y Archer, cuando alguien decía: «Bonitos perros», yo contestaba: «Gracias, me han arruinado la vida». Si la persona se quedaba desconcertada, para aclarar que bromeaba, añadía: «¡En el mejor de los sentidos, claro!». Reíamos y continuábamos con nuestro paseo.

Cuando me preguntaban de qué raza eran Reuben y Archer, a menudo señalaba a Archie y decía: «Bueno, ese puede que sea un cruce de Labrador y Galgo». Luego apuntaba más o menos en dirección a Reuben. «Y diría que ese tiene mezcla de al menos ocho perros distintos... Y todos con muy malas pulgas». En ocasiones, si estaba de humor, daba una respuesta compuesta: «Son una raza especial. Están diseñados para hacerte la vida imposible».

Aunque, como ya he dicho, con una sonrisa. Medio riendo.

El amor no siempre es bondadoso.

Al cabo de tantos años, cuanto más pienso en Reuben, en su vida y su épica muerte, cada vez estoy más convencido de que tenía un porcentaje bastante variado de seis posibles candidatos principales:

Gran Danés y Mastín.

Lobero Irlandés y Pastor Alemán.

Galgo y puede que hombre lobo.

Hacía los mismos ruidos que Chewbacca.

Recuerdo una tarde, en el valle del Centennial Park, en que una madre y su hija pequeña, una niñita rubia con el uniforme del colegio, no conseguían que su perra, una Braco Alemán, volviera. Reuben se dedicaba a lo de siempre, a acosar a otros perros, pero sin alejarse demasiado de mí.

La Braco Alemán corría con él mientras la madre y la hija no paraban de llamarla, cada vez más frustradas, así que silbé a Reuben para que viniera y, cuando la Braco lo siguió, la atrapé. Se la llevé a sus dueñas, que se mostraron muy agradecidas.

Al día siguiente, las cosas fueron distintas.

Las dos volvieron al parque, y Reuben y la Braco empezaron a perseguirse. Reuben se arrancó con una especie de gruñido, una de sus versiones más libres de Chewbacca. En términos de su amenazómetro, probablemente se encontraba a la mitad del naranja: algo entre una conversación tranquila en wookie con Han Solo y el intento de estrangulamiento de Lando Calrissian.

—¡Eh, tu perro está poniéndose muy agresivo! —me avisó la mujer—. ¡Deberías vigilarlo!

«Te acuerdas de mí, ¿verdad?», me pregunté.

Lo llamé y Reuben vino.

Luego me disculpé, aunque echando chispas por dentro. «Así me pagas por haberte ayudado ayer...».

—Siento que se haya puesto un poco gruñón —dije, y nos fuimos al bosque.

Supongo que a veces es difícil diferenciar entre un perro agresivo y uno escandaloso, y entiendo que en ambos casos inquiete. Cuando a un perro le da por ponerse locuaz cerca del cuello de otro perro, tampoco ayuda que tenga el aspecto de Reuben.

Al marcharnos, paseaba a mi lado como si fuera el lobo de *Caperucita roja*. Qué orejas tan grandes y toscas tenía. ¡Qué gruñido tan galáctico e intimidante!

Se confundía entre las sombras.

Sus colmillos asomaban cuando sonreía.

Una de las curiosidades de la inmensa llanura que se extiende a lo largo del valle del Centennial Park es que fue el lugar donde Australia se convirtió en la Mancomunidad de Australia; es decir, en la nación que es ahora a ojos del mundo. La ceremonia de federación se celebró justamente allí, el 1 de enero de 1901. En la actualidad, hay un monumento circular, una especie de minipanteón de estilo romano en medio de la hierba, que ha corrido una suerte indigna, ya que es donde suelen ir a mear los perros.

No sé en qué lugar nos deja eso como país.

Una parte de mí piensa: «Joder, ¿es que ya no se respeta nada?». Pero, teniendo en cuenta nuestro pasado, la verdad es que también resulta grotescamente perfecto, o quizá solo apropiado. Gran país, tortuosa historia. Un escritor como Kurt Vonnegut habría sabido expresarlo con claridad, como hizo en su diatriba contra la bandera estadounidense en *Desayuno de campeones*. En lo que a mí respecta, lo único que puedo decir es que quizá no exista nada sagrado en Sídney, y menos aún para sus perros.

En fin, es lo que hay.

Por descontado, uno de los perros del valle con historia propia era ese animal al que cada día quería más.

Dos pequeños apuntes sobre Reuben:

1. Los Pastores Alemanes no le tenían mucho cariño.

2. Los problemas podían empezar solo con que asomara por el parque.

Como ya he dicho, tenía un morro grande y negro que me recordaba al de un Pastor Alemán, igual que la cara, con sus tonos oscuros y tostados. A veces me preguntaba si no sería eso por lo que no les caía bien. Siempre que había un Pastor Alemán, este le dejaba claro de inmediato que no era bienvenido. Sabían que era uno de los suyos sin serlo. Una falsificación, un sinvergüenza. Si había dos, iban a por él sin pensárselo.

Los dueños los llamaban y se disculpaban.

Yo levantaba una mano y decía que no pasaba nada. Y era cierto, porque Reuben se las apañaba de sobra él solito. Además, tampoco hay nada en el manual interno del perro que diga que siempre deben ser buenos. Si el asunto se caldeaba demasiado y Reuben estaba llevándose una buena tunda, yo no dudaba en intervenir. Solo una vez lo vi sentarse, plantando las cuatro patas, y volver la cara hacia otro lado. «Basta —decía—. Estoy harto».

Respecto al segundo punto, en cuanto a lo de liarla, o buscar camorra, como prefiere llamarlo mi padre, había veces que llegábamos al valle y parecía una postal de Hallmark. Los perros brincaban y retozaban mientras jugaban tranquilamente; sus dueños charlaban en un ambiente cordial, con un té o un café para llevar en la mano.

Hasta que llegaba Reuben y todo cambiaba.

Entre doce y veinte perros se lanzaban a perseguirlo al instante, ladrando y montando jaleo. Reuben volvía la cabeza hacia atrás para vigilar a la masa enfurecida mientras pasaba por mi lado corriendo como alma que lleva el diablo.

«Tío, que vienen a por mí. ¡Mierda!».

La jauría tropezaba y acababa dando volteretas.

Reuben subía hasta lo alto.

Luego echaba a correr de nuevo, dibujando un arco alrededor del monumento.

Una vez, una mujer comentó con tono divertido: «Está claro quién es el alfa aquí». No dije ni mu, aunque pensé: Pero ¡«si lo único que ha hecho es asomar las orejas»!

Pese a todo, quizá lo peor que ocurrió por entonces fue un brote virulento de verrugas. ¿Alguna vez has visto la boca de un perro rodeada de verrugas? Es todo un espectáculo, en especial en un perro como Reuben. Los grandes belfos negros parecían neumáticos mojados y resbaladizos. Decir que estaba infestado es quedarse corto. Aquello era una verdadera erupción, una plaga de percebes en los labios, la garganta y la lengua. Por suerte, a diferencia de las verrugas humanas, estas desaparecen con mucha más rapidez. Aunque el mes se hizo bastante largo.

En cuanto a la triste perspectiva del cambio de Reuben, el momento se acercaba poco a poco.

Llegó el invierno y todo parecía ir bien; nuestro perro distaba de ser un santo, pero era grande, impulsivo y generoso. Aún hacía compañía a Kitty y continuaba caminando al mismo ritmo que ella cuando salían a pasear. También se portaba bien con otros niños, aunque a veces se mostraba sobreprotector, claro. En cualquier caso, nada que indicara agresividad. Era juguetón, saltaba y reía.

En realidad, quizá sí que hubo una especie de presagio, porque un poco antes, ese mismo año, cuando Dana, Daniel y sus hijas, Noa y Zoe, vinieron a pasar unos días con nosotros, las dos niñas (de unos seis y ocho años por entonces) volvieron a San Francisco con una canción nueva. Decía: «¡Reu-ben, no nos mates! ¡Reu-ben, no nos mates!».

A todos nos pareció muy gracioso, hasta que se produjo el cambio.

Los inviernos de Sídney no suelen ser muy desapacibles, pero en nuestra casa siempre hacía frío. En verano era una delicia; sin embargo, incluso en primavera y otoño, mientras que en la calle se estaba bien, dentro de casa seguía siendo invierno. Decidimos poner calefacción.

Durante la instalación, siempre había gente rondando por allí, mucho ruido y ningún problema aparente. Una tarde tuvimos que salir por algún motivo y dejamos a Reuben con los trabajadores. Seguramente se quedó en el jardín, pero los hombres entraban y salían a menudo. Aun así, no hubo incidentes.

Una mañana fría y gris, el fontanero jefe volvió para acabar cuatro cosillas, y entonces todo se torció. Reuben lo conocía de cuando había venido a hacer el presupuesto y de verlo durante los trabajos, pero esa vez el hombre se encontró con un perro muy distinto.

Aún veo al pobre diablo, paralizado en la entrada cuando Reuben se le acercó caminando de manera imponente. Su mirada lo decía todo; el oro de su interior brillaba como a contraluz. Estaba en otra parte. Inclinó el pecho y las patas hacia delante, preparado.

Y entonces, ese ladrido.

Rebosante.

Había en él fuego y calor; su garganta avisó de lo que se avecinaba. Tanto Mika como yo nos miramos consternados y, antes de me diera tiempo a decir nada, Reuben echó a correr hacia él, se alzó y lo acorraló. No es que le arrancara los botones de la camisa, pero estuvo alarmantemente cerca de hacerlo, y nos dejó estupefactos. Lo que sí hizo fue pegar el hocico a la nariz del fontanero. Ya no recuerdo si le dejó una mancha salivosa en la camisa de trabajo, pero siempre la imagino cuando rememoro la escena. No llegó a tocarlo con los dientes, pero la fuerza de su color, ese blanco hueso, y su forma, esa longitud y curvatura, quedaron a escasos milímetros de él.

Mika y yo gritamos en estéreo.

—¡Reuben! ¡Reuben, para!

Se apartó del fontanero, quien se mostró comprensivo, aunque asustado.

—Madre mía, lo siento mucho, ¿estás bien? —le pregunté.

—Sí, sí, el animal solo estaba protegiendo lo suyo... Defendiendo la casa y a vosotros.

—Aun así... Mierda, de verdad que lo siento.

Recuperó la compostura enseguida.

—Olvídalo, no pasa nada.

Reuben no lo dejó ahí, sino que añadió otro gruñido: «Da un paso más, amigo, y verás qué ocurre».

Mika y yo debimos de disculparnos una docena de veces, puede que más.

Esperábamos que se tratara de una anomalía, algo puntual.

No fue así.

Nadie se lo explicaba.

Reuben estaba castrado, como todos nuestros perros.

Nunca había mostrado señales de comportamiento agresivo, pero después de esa ocasión, hubo más. Antes, cuando alguien lo acariciaba por la calle, tanto si pedían permiso como si no, Reuben se dejaba hacer la mar de feliz. A partir de entonces, cabía la posibilidad de que gruñera, o peor, de que les echara «la mirada».

«¿Le tienes mucho cariño a esa mano? Porque te la dejo en un muñón si quieres».

Además, siempre había sido un animal al que le encantaban los otros perros.

A partir de entonces, de vez en cuando se le iba la pinza. Si veía a alguno que le daba mala espina, lo arrollaba sin problemas y luego volvía trotando, satisfecho con su trabajo. No era lo peor que podía pasar, desde luego, entraba en la categoría de revoltoso más que otra cosa, y yo siempre me disculpaba con los dueños, aunque la mitad de las veces estos ni siquiera se enteraban. A lo mejor estaban mirando el móvil, perdidos en sus mundos, así que yo le ponía la correa a Reuben y me lo llevaba de vuelta a casa.

Mika y yo lo hablamos mucho.

¿Era culpa nuestra?

¿Estábamos creando a un animal agresivo?

Por esa época quedaba poco para que Mika diera a luz, que es una historia en sí misma y también está relacionada con el perro.

¿Qué podría contarte sobre la llegada de Noah, nuestro hijo?

Nació una mañana de principios de julio, bonita aunque ventosa.

Al igual que Kitty, salió deprisa.

Reuben pensó que era comida.

Sí, has leído bien.

Resumiendo mucho, quiso zampárselo.

Fuimos al hospital poco después de las cinco de la mañana, siendo aún noche cerrada, y Noah nació con el amanecer. Fue feliz desde el momento en que llegó al mundo. Ya sé que dicho así parece un paseo, pero no faltaron el dolor de rigor, la sangre, la carne, la adrenalina; la fina línea que separa la belleza de la barbarie. Decir que Mika estuvo heroica es quedarse corto. Si tuviera que explayarme un poco más, citaría a la enfermera que entró más tarde esa misma mañana: «¿Tú eres la que salió del baño y cruzó la habitación con la cabeza ya fuera?».

Mi mujer me miró, yo asentí y la enfermera sentenció: «Madre mía, guapa, eres dura como una roca».

Puede que ya haya dicho en otro capítulo que Kitty era un tipejo muy duro, y era fácil adivinar de dónde le venía. Como hombre, te sientes bastante ridículo. Subes al ascensor para bajar al aparcamiento. Te quedas sentado en el coche sin palabras. Solo pensamientos...

«Ha sido flipante; increíble».

Y ¿cómo no?: «Gracias a Dios que yo no tengo que hacerlo».

Durante los pocos días que Mika estuvo en el hospital, hicimos todo lo que te aconsejan que hagas al llevar a casa a un recién nacido si tienes perros. La teoría con más adeptos es que debes darle al perro una prenda usada del bebé para que la huela. Por lo visto, el mensaje es el siguiente:

Este se viene a casa, así que pórtate bien con él y no lo agobies. ¿Te gusta el olor? ¡Pues él te va a encantar!

Cada vez que volvía a casa del hospital, hacía que Reuben enterrara el hocico en cualquier cosa relacionada con Noah: un bodi, una camiseta, un arrullo. Y él los olisqueaba la mar de feliz.

«Creo que lo llevará bien», me decía yo.

En realidad, nada más lejos.

A decir verdad, no se trató de un ataque feroz, pero tampoco de un empujoncito provocado por la curiosidad. No llegó a acercarse mucho, si la memoria no me falla, pero sí recuerdo que gruñó ante aquel objeto extraño, como si al principio no le gustara y luego decidiera que quizá fuera comida.

A posteriori, comprendimos que los bebés son algo muy distinto. Este libro no pretende dar a entender que yo sea un experto en perros y sus procesos mentales —algo que queda claro desde la primera línea—, pero, aunque solo sea eso, he aprendido que para ciertos perros un bebé no huele como un humano. Se trata de una cosa diferente, y para algunos eso puede incluir la comida.

Básicamente, Mika estaba sentada en el sofá con Noah en brazos. Reuben se acercó —tenía curiosidad—, gruñó y luego se lanzó hacia el bebé. Un claro movimiento de ataque. Pero

¿recuerdas cuando dije que nada hay tan peligroso como un hombre en guerra con su perro? Bueno, pues comparado con el amor y el instinto de protección de una madre, sobre todo cuando se trata de un recién nacido, lo del peligro se queda muy corto. No sé cómo, Mika envolvió a Noah con su propio cuerpo y levantó una mano enérgica frente al perro.

—¡No! ¡Reuben! ¡NO!

El perro se detuvo, retrocedió y se sentó. A continuación agachó la cabeza, se alejó y regresó poco después para tumbarse a los pies de Mika. No volvió a hacerlo nunca más. Para ser justos con él, ya has visto que Reuben aprendía rápido, pero aun así comprendería que pensaras que no estábamos bien de la azotea. Nos lo dijo mucha gente: «Ahí es cuando tendríais que haberos deshecho de él. ¡Se abalanzó sobre vuestro recién nacido!».

Y quizá deberíamos haberlo hecho.

Además de la preocupación por nuestros hijos y su seguridad, nos habría ahorrado muchos quebraderos de cabeza, tanto en forma de pequeñas desgracias como de facturas de veterinario desorbitadas. Sin embargo, créeme, Reuben era uno de los nuestros. No podíamos darle la espalda sin más.

(Y sí, oigo la indignación:

«¡No solo podíais, deberíais haberlo hecho! ¡¿Es que estáis locos?!»).

Pero no, nunca renunciamos a él.

Confiábamos en su capacidad de aprendizaje.

Confiábamos en que era el mejor amigo de Kitty. ¿Qué le habríamos dicho a nuestra hija? «Lo siento, cariño, despídete de tu perro».

Pues... no.

No teníamos más remedio que quedárnoslo. Lo habíamos acogido y habíamos prometido quererlo, y eso era lo que pretendíamos hacer. Mika, quien considera que los humanos estamos muy lejos del amor y la bondad de los animales, ni siquiera se planteó deshacerse de él. Su amor de madre era una cosa, pero tampoco debía subestimarse su amor hacia los animales.

Por descontado, teníamos muy presente el recuerdo de noticias trágicas sobre perros que habían herido gravemente a alguien de la familia, o cosas peores. (Afrontémoslo, ha habido muertos). Pero siempre te aferras a eso de «A nosotros no nos pasará», a la convicción de que tú no permitirás que ocurra.

Y es entonces cuando te comprometes.

Lo vigilábamos a todas horas. No le quitábamos el ojo de encima. Jamás bajamos la guardia... Y fuimos testigos de lo que esperábamos: vimos a Reuben consagrarse a Noah exactamente igual que había hecho con Kitty, con una honestidad y una entrega infinitas.

En cuanto a Mika y a mí...

Vale, lo reconozco, existe la posibilidad de que quisiéramos engañarnos. ¿Quién, además de nosotros, se quedaría con un perro así? Nadie más estaba capacitado para ese trabajo. Reuben era un animal fiel y le pagaríamos con la misma moneda. Todo saldría bien, nos lo merecíamos.

Sin embargo, ¿cuántas verdades universales y sus contrapuntos correspondientes pueden sobrevenirte a la vez a las primeras de cambio? La manera más segura de no obtener algo es creer que lo mereces:

Acoges a un perro.

El perro es problemático.

Haces una buena obra y te lo quedas. No lo abandonas en cuanto aparecen las primeras dificultades... Sí, de acuerdo, has hecho lo correcto, muy bien. El buen karma siempre vuelve.

Y ninguna buena acción queda impune.

El perro que me dejó KO

No hay manera honrosa de decir esto:

En enero de 2011, Reuben me dejó KO en el parque.

Me destrozó la rodilla. Me tumbó.

A eso lo llamo yo buen karma.

A pesar de los años que han pasado, aún quiero a Reuben y lo echo muchísimo de menos, pero, de verdad, menudo capullo.

Aparte de las dudas, los miedos y las fechas de entrega a las que nunca llegas, una de las cosas buenas de escribir libros es que descubres tus obsesiones, tanto las obvias como las ocultas. Hay ciertas pistas que aparecen en casi todo lo que he escrito.

Correr y entrenar.

Los colores y el cielo.

Las historias dentro de historias.

Y los animales, y por animales me refiero principalmente a perros.

Fijémonos en los títulos de los tres primeros libros: *The Underdog*, *Fighting Ruben Wolfe*, *When Dogs Cry*. En casi todo lo que he publicado aparecen perros, tanto como personajes principales como en intervenciones breves. En *Cartas cruzadas* había un perro llamado The Doorman que bebía café. (Uno de mis personajes preferidos, a pesar de envenenarlo con cafeína). En la trilogía de Wolfe salía Miffy, el Pomerania que sufría un ataque al corazón. Y luego está Rosy, la Border Collie que corre alrededor del tendedero en *El puente de Clay*. Curiosamente, el único libro donde no hay perros es en *La ladrona de libros*, solo la breve aparición de un gato de bigotes alicaídos para el que me inspiré en Brutus. Salvo en ese caso, los perros han formado una parte esencial de mi personalidad escritora. Los he retratado con cuidado y dedicación, los he escrito con amor y placer, lo cual nos lleva a una pregunta obligada.

¿A qué me da eso derecho en la vida?

La respuesta es, por descontado, a nada.

Antes de tener a mis perros, siempre imaginaba escenas bañadas de optimismo, llenas de perros leales hasta la muerte. De perros que me seguían a todas partes. De perros extraordinarios y hermosos. Y todo ha sido así, de verdad, solo que eso no ha sido todo.

Visto con perspectiva, nos han aportado mucho más, porque los perros perfectos, igual que las vidas perfectas, son bastante aburridos. ¿Quieres que tu perro sea un incivilizado, un indisciplinado y un impenitente? Claro que no. ¿Quieres que se revuelque en excrementos humanos en esos malditos arbustos del parque? Jamás de los jamases, créeme; he tenido que restregar cuellos y collares.

Y, por supuesto, a lo que verdaderamente iba:

¿Queremos que nuestro atlético e imponente mestizo de casi cuarenta kilos cargue contra nosotros de costado cuando llevamos en brazos a nuestro hijo de seis meses?

¿Para qué contestar?

La mañana en cuestión, el cielo estaba encapotado.

Como casi seguro que hacemos todos, cuando ocurren este tipo de cosas suelo preguntarme si algo habría cambiado de no haber tomado una pequeña decisión. Ese día yo tomé dos, y aún no eran ni las seis.

Primero, me bebí el café antes de sacar a Reuben, cuando por lo general me esperaba a que volviéramos. Segundo, siempre que Noah me acompañaba, cosa rara, lo llevaba con el brazo derecho y sujetaba la correa de Reuben con la mano izquierda. Cuando llegábamos al parque, soltaba al perro. (Nunca había supuesto un problema que Noah viniera con nosotros, y llevarlo en brazos era más fácil que empujar el carrito entre tanta hierba, raíces y piedras). Sin embargo, por fin había averiguado cómo funcionaba el portabebés BabyBjörn y ese día me había atado a Noah al pecho. Quizá, de no haber tomado ninguna de esas decisiones, habría conservado la consciencia toda la mañana.

Sobre las seis y cuarto nos dirigimos al valle de los perros, a unos cincuenta metros del monumento. Había unas cuantas personas con sus mascotas. Yo estaba hablando con una mujer llamada Valerie, que también hablaba con Noah. Por lo general, nunca le quitaba el ojo de encima a Reuben, pero esa mañana me distraje.

Imagina recibir un golpe en la rodilla con una barra de hierro o un hacha de leñador.

Así fue como Reuben me tumbó.

Había venido hacia nosotros a galope tendido junto al perro de Valerie, un Ridgeback que respondía al inocente nombre de Bertie. La cabeza de Reuben fue más letal que la kriptonita; me desplomé, me golpeé contra el suelo y quedé KO.

—¿Está bien? —pregunté mientras caía.

Trataba de saber cómo estaba Noah.

Cuando recuperé el conocimiento, mi hijo estaba botando alegremente en los brazos de una joven llamada Molly, y Reuben, un dechado de amor y gratitud, seguía corriendo arriba y abajo con Bertie.

Por si la mañana no había sido lo bastante lamentable, habían llamado a una ambulancia mientras yo estaba inconsciente. Había agentes forestales, más personas, perros yendo de aquí para allá..., y Noah pasándoselo en grande. Cuando conseguí levantarme, comprobé que me costaba tenerme en pie y caminar, y las cosas estaban a punto de empeorar.

Alguien había avisado a Mika.

Que se había quedado en la cama con Kitty.

Cuando llegaron, Mika me convenció de que subiera «a la puñetera ambulancia, ¿vale?», así que lo hice, sintiéndome como un idiota. Para entonces estaba seguro de que podía caminar.

Antes de irme, Molly nos dio su número y, unos días después, le enviamos un regalo. (Un cuaderno con ilustraciones de Shaun Tan, lo veo como si lo tuviera delante. Nunca tenemos una memoria tan lúcida como cuando se trata de historias humillantes). En la ambulancia tomé una decisión, abrumado por la vergüenza y el bochorno, aunque nunca logré llevarla a cabo del todo.

Se habían terminado nuestros días en el Centennial.

No podía volver a dejarme caer por allí.

¿Qué tienen esos momentos y los perros como Reuben? Según cómo lo mires, son un regalo continuo.

Del mismo modo que una vida que no va según lo previsto proporciona las mejores historias, ese incidente «incapacitante» fue un favor, y con Reuben solo sería el primero de muchos. A lo largo del año siguiente le harían la primera de dos reconstrucciones de rodilla, a cinco mil dólares australianos cada una. Más adelante, en junio de 2020, y para rematar la experiencia casi una década después, cuando Reuben ya nos había dejado, también yo tuve que operarme de la rodilla a causa de esa malhadada mañana en el parque. Algo muy propio de Reuben, desde luego. Me tumbó incluso desde la tumba, y se lo agradezco. También me alegro de que el arrollado fuera yo, y no Noah u otra persona. Eso habría sido una tragedia. A decir verdad, supe que seguía queriéndolo esa misma mañana, cuando volví del viaje en ambulancia y del brevísimo examen en el hospital. Reuben estaba dentro de casa y me pisoteó los pies al pasar junto a mí en la cocina. El movimiento reflejo me provocó tal latigazo de dolor en la rodilla que casi toqué el techo.

—¡¿QUÉ HACE AQUÍ DENTRO EL PUTO PERRO?!

Aunque para entonces resultaba bastante evidente.

Sabía muy bien qué hacía Reuben dentro de casa, en la cocina, en mi vida:

Ese perro había nacido para protagonizar historias.

Para el amor y la maquinación del caos.

Y para mucho más, en el mundo que está por venir.

Segunda parte

Reuben y Archer

El perro al que mi padre llamaba Lucifer

Después del KO en el parque, la vida siguió adelante, como siempre, pero con el orgullo herido y dislocado. Hay veces que cuesta tragarse todo eso y te preguntas si volverás a salir de casa. Otras, tengo la sensación de que gran parte de mi experiencia consiste en reaprender que la humillación solo es una apreciación personal. En realidad, a los demás les da igual.

¿Tu perro te dejó KO en público?

¡Vaya, qué bueno!

¿Tu último libro ha recibido una crítica demoledora?

Qué mal, ¿no? Pásame la sal.

Nos obsesionamos con esos momentos mientras el mundo sigue girando sin nosotros hasta que nos convencen para que volvamos o nos arrastran de vuelta. También hay algunos —los más valientes de entre nosotros— que parecen buscar el trampolín más cercano para zambullirse de nuevo en el torbellino.

El KO del parque también fue importante por otros motivos, sobre todo visto en retrospectiva. Es como si se tratara de una línea divisoria, del primer ejemplo real de verdadero y auténtico caos. El mal comportamiento anterior había sido una cosa, pero aquello era una disfunción desestructurada estructurada. Era una anarquía casi deliberada. Ambulancias. Hospitales. Niños por el suelo. Víctimas de conmociones cerebrales.

Agentes forestales. Atención pública. ¡Bertie, el puñetero Ridgeback!

También es una especie de piedra pasadera que nos acerca poco a poco a la aparición de Archer.

Durante unos meses hice algo de fisio para la rodilla, y funcionó, aunque no por completo, y Reuben y yo volvimos a ser amigos. De hecho, eso ocurrió antes. No pude continuar enfadado con él más de un día. Con el tiempo, incluso regresamos al Centennial. (Hay muchas otras opciones en el lugar donde vivimos, sobre todo Cooper Park, más agreste y boscoso y al que voy casi todos los días con Frosty). En cualquier caso, estuve renqueando durante semanas, así que era Mika quien sacaba a Reuben. Siendo como es alguien más civilizado que yo, ella no salía tan temprano, y yo no tardé en desesperarme. Hice caso omiso del tironcito que notaba en la rodilla, y se me curó, aunque nunca del todo.

Muchas veces olvido los buenos momentos, ¡los excepcionales!

Tras su escepticismo inicial respecto a Noah, puedo confirmar que Reuben lo quiso de manera incondicional. Tampoco dejó de venerar y proteger a Kitty, que continuó siendo su compañera de juegos habitual. En ese sentido, era tan bueno que te dejaba boquiabierto. Aspiraba las golosinas de sus dedos. Como si no tuviera dientes.

Me encantaba poder sacarlo de nuevo bien temprano por la mañana y luego otra vez por la tarde. Sí, yo aún cojeaba, pero incluso eso fue disipándose hasta reducirse a un leve dolorcillo con el que podía vivir. Una de las cosas más útiles de tener perro es que te sacan de la cama todos los días, incluso cuando no te apetece nada de nada. Si estás enfermo, hacen que te muevas. Si estás con el ánimo bajo, te lo levantan. Son los mejores entrenadores personales del mundo.

Ahora hay momentos que recuerdo como si los viera en un pase de diapositivas. Seguro que sabes a lo que me refiero: alguien apaga las luces de su sala de estar y contemplas su infancia, o sus vacaciones de los sesenta, los setenta o los ochenta. El clic y luego el movimiento circular. Una nueva imagen en la pared, o en una sábana.

Veo a Reuben desmantelar un balón de fútbol australiano, cordón a cordón, y luego abrirse camino a través del cuero. Mastica palos hasta pulverizarlos. Atrapa entre las fauces gigantescas ramas de palmeras de varios metros y las arrastra por el suelo. Todo eso ocurría en un día cualquiera.

Luego, uno de los más firmes favoritos de la familia: Reuben, tumbado en su cama, sueña que corre, menea las patas y se le enredan. Gimotea mientras duerme. Incluso quieto, era algo digno de contemplar. Sus patas solían recordarme a cosas, pero sobre todo a leña o yesca. Era un perro de raíces y ramas.

Sin embargo, el péndulo oscila de nuevo, porque lo bueno venía con cierta carga, como acciones violentas aleatorias: el veloz pisoteo sobre un Cocker Spaniel o la embestida a un Caniche Enano. Aunque nunca les hacía daño de verdad, yo siempre lo reconvenía con dureza. Palabras ásperas y correa en corto. En esos momentos me miraba hecho todo un Ígor, el burrito de Winnie Pooh, pero yo nunca sucumbí a la lástima. Con perros como Reuben conviene tomárselo en serio.

Un domingo por la mañana vinieron a visitarnos unos amigos, James y Mardi, dos escritores, con sus hijas. Eran más conocidos que amigos íntimos, y nuestros hijos tenían aproximadamente la misma edad.

Recuerdo que nadie salió al jardín trasero porque hacía frío y lloviznaba. Reuben estaba fuera, en el porche cubierto de atrás, y cada vez que la hija de la pareja, de unos dos años, se acercaba a la puerta, parecía que Reuben pretendía atravesar el cristal.

Creo que James y Mardi se quedaron horrorizados. No han vuelto a visitarnos desde entonces, aunque espero que no sea porque tengamos un «perro agresivo». Es solo que a veces la vida es así... Aunque Reuben no ayudó, por decirlo de alguna manera.

Mi historia favorita de esa época sucedió cuando mi padre vino a pasar unos días con nosotros, a finales de julio. Es pintor de casas, ya jubilado, y estaba retocando algunos marcos de ventanas que acabábamos de reparar. Tengo dos recuerdos vívidos de entonces.

Uno es de cuando me vio leyéndole en el sofá a Noah, quien en esos momentos tenía poco más de un año.

—Eres mejor padre de lo que yo fui. Yo nunca te leía —dijo.

—Y mira qué ha pasado —contesté—, que me hice escritor.

Se me olvidó recordarle que, cuando mis hermanos y yo éramos pequeños, había libros por toda la casa. Y también me fascinaba ver a mi padre oyendo algo en las noticias y luego yendo a buscarlo a su amada *Enciclopedia Británica*. «¿Dónde está ese sitio?», murmuraba para sí, o: «¿Cuándo empezó esa puñetera guerra?», mientras se encaminaba a la sala de estar vestido con el mono de trabajo. Lo que me convirtió de verdad en escritor fue creerme las mentiras de la ficción, dejarme cautivar por las novelas y vivirlas. Suelo decir que me encantan las películas porque veo a los personajes y adoro los libros porque me convierto en sus protagonistas. Lo que contribuyó a todo esto de pequeño fue saber que alguien se preocupaba de que hubiera libros en los dormitorios, en la cocina, en la sala de estar, aunque estuvieran desperdigados por todas partes. Incluso el *Reader's Digest* de mi padre, que el hombre leía en el lavabo, era una señal de que las historias eran importantes.

Sí, sé que tendría que habérselo dicho, eso y mucho más, sobre todo porque la lección que aprendo una y otra vez como padre es que no puedes hacer que a tu hijo le guste lo mismo que a ti, o lo que crees que debería gustarle. Tendría que haberle dicho a mi padre que lo hizo a la perfección; solo hay que ir dejando pistas con la esperanza de que tus hijos encuentren alguna. Fui el más afortunado de mis hermanos porque lo que yo encontré fueron los libros. Aunque todo es relativo, claro.

El segundo recuerdo está relacionado con el perro.

Cómo no.

Mi pobre padre, por entonces un señor de setenta y ocho años (ahora está cerca de los noventa y uno), se levantó de noche para ir al baño y, por la mañana, comentó:

—¿Oíste eso anoche? ¿Cuando me levanté para ir a echar una meada?

Estábamos sentados a la mesa de la cocina, mi padre con su mono salpicado de pintura y una camisa de franela, canoso y socarrón, como siempre. Sonreía con la taza de café en los labios.

—¿Anoche? —dije—. ¿Qué pasó?

Puede que no me leyera de niño, pero mi padre es un narrador de historias nato. Se le da bien crear tensión dramática.

—Bueno, como sabes —pasó a la voz decrépita y descompuesta—, soy un pobre anciano... Así que todas las noches tengo que levantarme dos o tres veces para ir a mear. —Risas, gran diversión—. Pues no hice más que salir al pasillo y vi una forma oscura y misteriosa en la otra punta, como una gárgola, gruñendo con sus ojos brillantes y amarillos clavados en mí, con odio...

—Su voz ganó intensidad, pero fue bajándola, hasta que las dos últimas palabras apenas fueron un susurro—. Clavados en mí con odio..., como Lucifer.

—Mierda, tendrías que haberme llamado enseguida —dije.

—¡No podía, estaba paralizado!

—¿Y qué hiciste?

De nuevo, la sonrisa de truhan.

—Di un paso, y él también. Dije: «Reuben, soy yo, Helmut», y entonces dio media vuelta y se fue.

—¿Seguía allí cuando saliste del baño?

—No, y créeme que lo comprobé. Debió de irse a dormir. Eso sí, dos horas después, cuando tuve ganas de volver al lavabo, decidí esperar a la mañana.

—¡Vaya, papá, lo siento mucho!

—Ah, no pasa nada —me aseguró—. Fue divertido... Bueno, más o menos, aunque temiera por mi vida. —Luego se inclinó hacia mí de nuevo, muy serio, con el café en la mano—. Pero a partir de ahora voy a llamarlo Lucifer.

—Me parece bien, papá, se lo merece.

Y fiel a su palabra, así lo hizo.

«¡Eh, Lucifer!», lo llamaba mi padre cada vez que aparecía, y Reuben se tumbaba boca arriba. Se llevaba una buena rascada de barriga y los belfos le caían como telones. Su encuentro nocturno quedó olvidado.

Ahora, mientras escribo aquí sentado, la escena nocturna se desvanece. Los ojos infernales en la oscuridad y la amenaza de un ataque inminente. Es la última historia que me viene a la memoria de cuando solo teníamos a Reuben, pues al final de ese oscuro pasillo, cuando los ojos se apagan y mi padre vuelve a la cama, de la negrura sale arrastrándose alguien más.

Pelaje brillante, un juguete roto.

Si miro con más atención, veo un perro callejero.

El bello y bendito Archer.

Es curioso lo que recordamos, porque, no mucho después de traérnoslo a casa, di una charla en un taller de escritura en Crows Nest. El director del taller era James, cuya visita a nuestra casa se había vuelto legendaria tras el embate del perro contra el cristal. Después de la charla, cuando le conté que también habíamos acogido a un perro callejero, fue incapaz de ocultar su asombro. Aún veía a Reuben haciendo su mejor imitación de Tyja, lanzándose con furia contra la puerta.

—¿Que habéis hecho qué? —dijo—. ¡¿Otro?!

En muchos sentidos, James tenía razón.

Perro callejero y estrella de cine

En 2011 sucedió algo.

Pero antes.

Déjame que te diga lo siguiente.

Archer.

Rubio, precioso, con patas esbeltas, cicatrices callejeras, apuesto, salvaje, el caballero Archer.

Menuda combinación, menuda contradicción.

Ya no está cuando escribo esto.

Lo echo de menos todos los días.

Estaba destinado a ser así desde el principio, y era un perro, como ya he dicho, bastante apuesto. Aun ahora me hace pensar en estrellas de cine, en un desfile de rubios y rubias:

Brigitte Bardot, Brad Pitt, Jane Fonda. Daryl Hannah. Heath Ledger. Paul Newmann, Kiefer Sutherland (ay, Dios, ese pelo en *Jóvenes ocultos).* ¡Grace Kelly! La lista es interminable.

Al principio estaba en los huesos.

Tenía belleza e instinto asesino.

Y consiguió algo que me parecía impensable: poner fin a mis supersticiones.

Enseguida entenderás lo que quiero decir.

Lo que sucedió ese año fue la pérdida de un perro.

Los padres de Mika, Halina y Jacek, tenían en esa época a Rocky y a Scooby, y el caballeroso Rocky murió. Era un cruce de Bóxer y Staffy, y uno de los animales más cariñosos que hemos conocido nunca.

Mika y yo lo sacamos de la RSPCA en el año 2000, como regalo para Halina y compañía para Tyja. Cuando Tyja falleció, en 2006, Rocky se escapó para ir a buscarla y cruzó varias calles llenas de tráfico. Mientras Mika recorría la ciudad con Kitty en el cochecito, recuerdo que conduje por los barrios de Sylvania y Gymea (donde Halina y Jacek vivían por entonces) con la sensación de tener un peso en el estómago. ¿Lo encontraría muerto en alguna esquina? Por suerte, eso no ocurrió.

Horas después, Halina y yo salimos a buscarlo a pie al otro lado de The Boulevarde, la avenida más cercana. Empezaba a anochecer. Al cruzarme con una pareja que paseaba, les pregunté:

—¿No habréis visto por casualidad a un perro blanco y negro, algo larguirucho?

—¿Un perro? ¿Cómo ese? —dijeron.

Y, en efecto, ahí estaba.

Era la clase de animal que parecía sentirse inseguro incluso estando contento, pero se lo veía extático al trotar hacia mí. Mi alivio fue enorme, y jamás he visto nada comparable a la estampa de mi suegra cuando vino corriendo hacia nosotros para abrazarlo. Fue lo más cerca que me he sentido nunca de estar dentro de una película donde dos amantes corren el uno hacia el otro y se abrazan. Comicidad aparte, fue solo eso: solo amor. Lo mejor de esa noche en el barrio.

Estábamos en 2011 y Rocky ya no aguantaba más. Su cabeza cuadrangular se hundía hacia dentro. Tenía alguna clase de cáncer y su hora no tardó en llegar. Scooby, el enorme cruce de Labrador y Gran Danés negro, se quedó solo.

Esta vez, Halina decidió no buscar un reemplazo permanente (se convierte en un ciclo interminable) y, en lugar de eso, empezar a acoger a perros hasta que les encontraran un dueño adecuado.

Cuando me enteré, tuve mis dudas.

—Ya sabes lo que va a pasar —le dije a Mika—. Se enamorará del primero que acoja y se lo quedará.

¡Caray si me equivoqué con eso!

Seguro que imaginas lo que pasó.

Quien se quedó con ese perro fui yo. Parece que nací ayer.

Cuando Halina entró en el programa de acogida, el primer perro nos parecía un pequeño misterio. Lo único que sabíamos Mika y yo era que había sido callejero, así que me imaginé a un chucho sarnoso y acabado, o como salido de unos dibujos animados, como ese Bulldog descomunal que siempre machaca a Silvestre en *Bugs Bunny* por intentar zamparse a Piolín. Lo que me esperaba fue una auténtica sorpresa.

Tenía un pelaje como de arena dorada.

Unas patas largas, larguísimas.

Ojos soñadores de color miel.

Cuando vinieron a vernos, el primero en aparecer fue Jacek. Seguramente se ocupó de hacer entrar a Scooby en casa mientras Halina se encargaba de Archer. Por lo visto, el perro era un cruce entre Staffy y Labrador y, cuando le pregunté cómo se llamaba, mi suegro dijo algo que jamás olvidaré.

Unos apuntes sobre Jacek: era el hombre más amable y de voz más suave que nadie pueda soñar, y hablaba con un fuerte acento polaco. Era paciente y tenía una sabiduría insondable, además de dársele bien la tecnología y la carpintería. Lo que no se le daban bien eran los nombres.

(Lo perdimos en octubre de 2022, y no soy capaz de expresar lo mucho que me ha costado tener que editar todo esto, pasar las formas verbales del presente al pasado. Aun así, me resulta fácil verlo otra vez ante mí: el santo patrón de quienes tienen perro a regañadientes. El caso es que sus perros fueron siempre los perros de Halina, aunque él los quiso tanto como ella, creo, sobre todo cuando lo negaba. Sonreía y decía: «La vida no es un camino de rosas con estos perros, Markus, y todavía menos con esta mujer, mi esposa...». Y sonreía porque sabía que era justo lo contrario).

Cuando le pregunté por el nombre del animal, contestó con su desconcierto habitual:

—De verdad, Markus, no tengo ni idea. —Luego se detuvo para pensarlo mejor—. Creo que empieza por *a*.

El problema estaría en la letra pequeña.

Comparado con el padre de Mika, el mío es muy supersticioso, y de multitud de maneras. ¿Unos cuantos ejemplos? Los Zusak tienen un número de la suerte: es el trece. Si te rompes la pierna, mi padre dirá:

—Por algo ha sido. ¡No hay mal que por bien no venga!

Cosa que te lleva a preguntar algo absurdo como:

—¿Te refieres a que, si no me hubiera roto la pierna, a lo mejor mañana habría salido y me habría partido el cuello?

—¡Exacto!

Tiene rituales de significado trascendental, como qué día lavar los calcetines o en qué dirección remover un bote de pintura y durante cuánto tiempo.

Mi superstición paterna preferida es la de Fin de Año, cuando retira todas las toallas de la casa, así como cualquier prenda que esté tendida para secar. Camisetas, bañadores... Todo. ¿Por qué? Para no empezar el año nuevo con asuntos pendientes. Ya te ocuparás de eso el 2 de enero. (Cuesta creerlo, lo sé).

Pero, y se trata de un gran pero, me ha legado las mismas supercherías. Incluso de niño, siempre fui supersticioso, sobre todo en cuestiones deportivas. Nunca me cambiaba la ropa interior la mañana de un partido de fútbol australiano, por ejemplo. Aunque, si soy sincero, eso también tenía un lado práctico, puesto que en el partido solo iba a ensuciarse más aún. Asimismo reforzaba las botas exclusivamente con cinta aislante negra. Cualquier otro color me daba mala suerte. Una vez, se me había acabado la negra, así que usé una gris, y sufrí drásticas consecuencias: chuté la pelota fuera dos veces y no logré marcar tras recibir un pase estando justo al lado de los postes. Nos jugábamos una semifinal. Al fallar ese tanto fácil, oí que alguien del público gritaba: «¡ERES UN PAQUETE, NÚMERO SIETE!». Buen entrenamiento para afrontar las malas críticas.

En cuanto a mis otras supersticiones, eran muchas.

De adolescente, recogía piedras para que me dieran suerte y las guardaba en el bolsillo izquierdo, nunca en el derecho; el bolsillo derecho era donde llevaba la cartera, y no quería que la suerte tocara el dinero.

Cuando quise convertirme en escritor, siempre me ponía horas de inicio. Si debía empezar a las siete de la mañana y me daban las 07.01 y todavía no me había puesto, me decía: «Bueno, pues ya será otro día». (Procrastinación tanto como superstición, tal vez).

También me levantaba de la cama decenas de veces por la noche, antes de quedarme dormido, a anotar todas y cada una de las ideas que se me ocurrían para futuros libros. Me quedaba tumbado diciéndome: «No pienses, no pienses», pero incluso eso era pensar «algo», así que volvía a levantarme a escribir en mi libreta. Si cumplía con todo, aunque solo fuera por una motivación tan puramente irracional, llegaría hasta donde debía ir.

En teoría, me daba perfecta cuenta de que eran supercherías medievales, pero una parte de mí no conseguía olvidarlas. Me gustaba la idea de la rutina, me gustaban los pequeños rituales. Tenía fe en el concepto de karma, pese a conocer sus fallos y su falacia. Insistía en ciertos hábitos y creía que podía labrarme mi propia suerte.

En paralelo, también creía en el destino, en el mundo y su funcionamiento disparatado. A veces recibimos amuletos de la buena suerte; solo hay que saber leer las señales. Y sí, creía que había que seguirlas.

Y conducían a ese perro, el rubio.

Llegado septiembre de 2011, había escrito cientos de principios para *El puente de Clay.* Tenía una infinidad de correcciones del prólogo. Una papilla de capítulos a medio cocinar, la mayoría fríos ya. Había acumulado miles de páginas escritas, de las que tal vez se salvaban un centenar.

Pero aún me sentía muy lejos.

El final era inconcebible.

Una y otra vez regresaba a esa primera página, como si empezar de nuevo fuese la respuesta... También puedo prometerte otra cosa: no, la respuesta no era un segundo perro. Pero fue exactamente ahí donde convergió todo. Libros, fracasos, superstición. Decisión.

En *El puente de Clay,* Clay Dunbar y su familia viven en Sídney y, desde el día uno, su dirección había sido el número 18 de Archer Street. Llevaba seis durísimos años escribiendo ese libro cuando ese perro apareció en nuestro camino de entrada. Esa *a* que había mencionado Jacek era la de Archer, por supuesto.

Al oírlo, no pude evitarlo.

—¡Te estás quedando conmigo!

Todo el mundo se giró hacia mí, pero fue Halina quien habló.

—¿Por qué? —preguntó—. ¿Qué pasa?

—Mi libro —contesté—. Mis personajes... viven en una calle que se llama Archer Street.

Un silencio inquietante invadió nuestra cocina. Todos conocíamos mi carácter supersticioso y, en cuestión de segundos, nos vimos sobrecogidos por un aviso más que ominoso, un murmullo que nadie pronunció, pero sí oímos.

Ese perro, sin duda, nos traería buena suerte...

Algo que me resulta curioso es que habríamos podido cambiarle el nombre a Reuben en 2009, pero, pese a mis reservas tanto sobre el nombre como sobre el perro mismo, jamás se nos ocurrió tocarlo. Reuben era Reuben. Encajaba.

Luego sucedió exactamente lo mismo con Archer.

Y ahora con Frosty. (A pesar de que Mika suplicara por Ziggy).

Por algún motivo, ese hecho me gusta. Tal vez sea la idea de que aceptamos a esos animales tal como eran. Si al albergue le valía el nombre, a nosotros también. A mi entender, ha de haber un motivo de gran peso para cambiar un nombre, como fue el caso de Rocky, que antes se había llamado Stalin. Algo que no le haría gracia a mucha gente, y menos aún a unos inmigrantes polacos.

Halina adora a los animales, pero siente una afinidad especial con los perros, así que su idea de convertirse en hogar de acogida sonaba bien. Solo que no consiguió ponerla en práctica. A ver, puede que yo no acertara con mi predicción de que se quedaría con el primer perro que acogiera, pero Halina y Jacek sí adoptaron al segundo: Atlas. Un libro en sí mismo, aunque no este.

En cuanto a lo de quedarnos a Archer, el problema de ser de natural supersticioso es la idea de que, si te resistes, o peor, si rechazas la buena suerte que tienes delante de las narices, puede que estés invocando la mala suerte. Del todo ridículo, desde luego.

Para complicar aún más la situación, nos contaron la triste historia del perro. Había sobrevivido a un parvovirus, algo que no habíamos oído nunca. Ataca el sistema gastrointestinal y es muy difícil superarlo, sobre todo si no te cuidan, si no te quieren. Archer, por lo visto, había sufrido ambas carencias. Por lo que sabía Halina, lo habían encontrado en la calle. Había perdido el pelaje del abdomen, presentaba más calvas por el resto del cuerpo y, aun así, de algún modo conseguía seguir siendo guapo, como una Marilyn Monroe en sus momentos bajos.

Mika y yo le dimos vueltas, por supuesto.

Estuvimos sopesando de nuevo pros y contras, casi siempre en la mesa de la cocina, y en esa ocasión fui yo quien se mostró más a favor. En cuanto a la raza, lo más probable era que se tratara de un cruce entre Labrador y Galgo, y era apuesto, y parecía tranquilo. (Nótese el «parecía»). Lo tuvimos todo en cuenta: desde Kitty hasta Noah, los gatos, Reuben (sobre todo su faceta agresiva), y comprendimos que era mucha tela que cortar. Sin embargo, de vez en cuando no podía evitar comentar:

—Pero es que «Archer Street», por el amor de Dios. Este perro... podría traernos buena suerte.

Tras lo cual, Mika me lanzaba una miradita.

—No puede escribir el libro por ti, lo sabes, ¿no?

Y yo me reía.

—Ojalá pudiera.

Tardamos unos quince días, pero llegó un momento en que lo supimos. Archer iba a ser nuestro. Mika incluso me dijo hace poco que fue Jacek quien acabó por convencerla, haciendo que se sintiera culpable con uno de sus famosos mazazos tranquilos al teléfono. Algo como: «Markus está deseando quedárselo, creo, y ¿no se porta él siempre muy bien contigo? ¿No te da todo lo que quieres?».

Así que, por segunda vez en dos años, dimos el salto fatal. Un domingo por la tarde hablé con el jefe de la organización de acogida y me consideraron apto como dueño. (¡Si supieran lo incompetente que soy!). Estaba fuera, en el jardín, con Kitty, Noah y Reuben, y recuerdo que entramos los tres en la casa.

—Bueno —dije—. Parece que ya está.

Mika sonrió, no pudo evitarlo.

—¿Archer?

Asentí.

—Pues muy bien —repuso—. A ver si de verdad nos trae buena suerte.

No parecía demasiado convencida y, para ser sincero, tampoco yo lo estaba.

Una semana después me encontraba en Estados Unidos, dando unos talleres en Tampa, Filadelfia, y en una universidad de Kutztown, Pensilvania. (Recuerdo muy bien el trayecto en coche desde Filadelfia. El conductor era un loco conspiranoico que me soltó miles de memorables diatribas. Mi preferida: «Si alguna vez me quitan las armas, ¡me voy a vivir a Australia!». Tuve que decirle que tal vez le decepcionara, puesto que no conozco aquí ni a una sola persona que tenga).

Cuando regresé a casa, pensaba que iría a buscar a Archer al cabo de pocos días, pero ya desde el camino de entrada oí a un par de perros en caída libre. Era evidente que estaban en mitad de una especie de lucha de poder intensa y fundamental: gritaban, se daban puñetazos, se insultaban, gemían, discutían, se arañaban, se mordían las patas, se mordisqueaban las orejas, se destrozaban el cuello y demás.

—¿Eso es lo que creo que es? —le pregunté a Mika.

Y, sinceramente, tengo que reconocérselo.

En esas situaciones sabe reírse. Casi siempre...

—Sí, eso es —contestó.

La cabeza de Reuben asomó desde el otro lado del muro; era la incredulidad personificada.

«¡Ya era hora de que volvieras a casa, joder! ¿Te puedes creer la mierda esta?».

Cuando conseguí cruzar la vivienda y salir al jardín de atrás, los perros rodaban por el suelo luchando por el control de la cama de Reuben. Archer, con solo seis meses, estaba repartiendo tanta leña como recibía. Tenía una habilidad especial (un portal a tiempos futuros) para lanzarse con ferocidad a la garganta.

Los ladridos aumentaron.

Las escaramuzas se intensificaron.

Aquello era una jauría de mandíbulas y patas... Y Mika me dio unas palmaditas en el hombro.

—Bienvenido a casa —dijo, y escapó de vuelta al interior.

—¡Nos traerá buena suerte! —exclamé suplicante a su espalda—. ¡Buena suerte, ya verás!

Su voz, desde dentro:

—¡Huy, sí, ya lo veo, ya!

Ambos perros resollaban con pesadez. En rubio, en castaño.

Y entonces se quedaron mirándome fijamente, como a la espera.

—¿Qué? —pregunté.

Más resuellos.

Se avecinaban las tormentas del destino.

Hijos y hermanos

A pesar de todo lo ocurrido a lo largo de los años en los que Reuben y Archer combinaron fuerzas, quise a Archer tanto como cualquier hombre ha querido a un perro y no lo habría abandonado por nada del mundo. (Naturalmente, lo mismo digo de Reuben).

Me viene un recuerdo aleatorio:

En los últimos años, Archer me seguía a todas partes. Cada vez que yo subía la escalera de casa, aquello se convertía en una *sitcom*. Archer subía a mi lado, siempre a la izquierda, contra la pared, callado, dócil y apuesto. Si me detenía, él se detenía y me lanzaba una mirada de culpabilidad. Si yo daba un paso, él daba un paso. Otro paso mío, y otro suyo, y de nuevo esa expresión culpable. Era un entretenimiento sin fin.

—Parece que tu fiel amigo vuelve a subir contigo —decía Mika.

Yo sonreía porque sentía la calidez que irradiaba de él, y bajaba una mano hasta su cabeza.

—¿Subes, Archo?

(Archer era Archie, Arch, Archerbald, Baldo, Ricitos de Oro y también, como he dicho, Archo, que acabó convirtiéndose en Archo-Groucho-Zeppo, y demasiados apodos más para seguir citándolos. Al final fue simplemente Socio, o Colega. «Venga, Socio, vamos arriba». Se tumbaba en mi despacho, en su cama, y estaba fantástico ahí, bajo la luz del sol... Y sí, se me saltan las lágrimas al escribir esto).

Malditos recuerdos, malditos perros, maldito todo.

Te parten el corazón.

Para acabar siendo un perro tan tranquilo, al principio fue duro de pelar. Supongo que es una verdad como un puño que, con los perros de acogida, los rescatados, los de perrera, aunque sean de pura raza, en realidad nunca sabes cómo saldrán. Añade a esa combinación «perro callejero» y ten por seguro que se pirrarán por las tortas, tanto las de comer como las de darse a base de bien. Archer jamás reculó ante una pelea, tampoco ante un trozo asqueroso de pollo frito tirado en la calle. Tenía que andarme con ojo cuando lo sacaba a pasear. Un hueso de pollo engullido sin pensar podría haberlo matado.

En cuanto a las peleas, hasta el día de hoy sigue habiendo debate sobre quién estaba verdaderamente al mando, si Reuben o Arch. A menudo era difícil saberlo. Además, estuvieron separados a todos los efectos en dos ocasiones a causa de las reconstrucciones de rodilla de Reuben y sus consiguientes largas recuperaciones, y eso tampoco ayudó mucho.

Yo sigo pensando que era Reuben.

Para mí, Reuben era como el rey, el más mandamás. A medida que pasaban los años, cuando alguien venía a casa, él le lanzaba un vistazo rápido y se quedaba en un segundo plano mientras Archer se encargaba del trabajo sucio. Era como si Reuben se le hubiera acercado con sigilo para decirle: «Venga, mueve el culo hasta ahí y empieza a intimidarlo como tú sabes. Abre un par de cabezas si es necesario..., o no vuelvas».

Por otra parte, puede que Archer admirara tanto a Reuben que intentara impresionarlo religiosamente. Aun así, en el parque, o en la playa, si les lanzábamos un palo, siempre era Reuben quien lo atrapaba y luego Archer se lo quitaba a él. Todas las veces. Pero estoy adelantándome.

Las primeras salidas juntos fueron bien, pero cometí el error de llevarlos a cada uno a un costado, mientras que más adelante los colocaba a ambos a la izquierda, interponiéndome yo como parapeto entre ellos y los peatones u otros perros.

Los primeros meses, Archer no dejaba que nadie le acariciara la cabeza. No mordía ni ladraba, solo se escabullía. Así que en casa, o esperando en un semáforo, me agachaba a acariciarle el pecho. El pelaje de esa zona volvió a crecerle poco a poco. Cuando por fin se dejó acariciar la cabeza, solo podíamos hacerlo nosotros, la familia más cercana. Durante el resto de su vida, no permitió que nadie más se la tocara, con poquísimas excepciones. (Respecto a su pelaje, además, tras recuperarlo lo tuvo suave y sano, pero cuando mudaba era todo un acontecimiento: un perro que nos obligaba a duplicar los turnos de limpieza).

Sin correa, las más de las veces se portaba bien, pero cuando se portaba mal lo hacía con estilo. Era alta y exasperantemente «estrangulable». Al principio tuve las dificultades habituales para conseguir que volviera cuando corría junto a otros perros —el arte de llamar a tu perro para que venga y saber que, en efecto, vendrá—, pero no eran nada en comparación a cuando estábamos solos Reuben, él y yo. Había veces en que se negaba con descaro, pero, si le dedicaba una única palabra dura, le entraba tanto miedo que empezaba a acercarse en círculos concéntricos, comenzando a unos cincuenta metros de mí.

«Madre de Dios —pensaba yo—, vamos a estarnos aquí todo el día».

Reuben se quedaba sentado a mi lado, completamente erguido e inmóvil.

«¿De verdad? ¿Tú crees que ese bobo trae buena suerte?».

De haber sido humano, se habría girado para escupir o habría meneado la cabeza de mala gana.

Resultó que el primer problema grave no lo tuvimos tanto con Archer, sino con Reuben. Siempre había adorado a los demás perros (bueno, sí, de vez en cuando hacía su numerito de arrollar a un Spaniel), pero de pronto, cada vez que otro perro entraba en escena, Reuben perdía los papeles. Veía en Archer a un rival y competía con él por la atención de ese otro perro. Los dos tenían que llegar primero, así que yo estaba atento ante situaciones como la siguiente:

Veían a otro perro.

Se volvían el uno hacia el otro y peleaban.

Luego, en cierto momento, hacían un gesto de indiferencia y llegaban a un acuerdo: «Ya que nos estamos pegando una paliza, ¡también podríamos destrozarlo a él!».

Pero no, en realidad no podían. Yo siempre andaba cerca, así que hubo incidentes, sí, pero nunca ningún herido. En todos esos años, jamás tuve que pagarle la factura del veterinario a ningún otro perro (¿acaso no es un mínimo del que sentirse orgulloso?), aunque digamos que estuvimos cerca. Cada vez eran más difíciles de controlar.

Con todo, en la calle eran mansos en comparación a como eran en casa.

Recuerdo su primera gran pelea.

Antes de llegar a ella, no obstante, quisiera ser justo. No siempre era así. No sufríamos quince estallidos de violencia todos los días, la mayor parte del tiempo se llevaban muy bien. Corrían juntos, o reñían. Aunque a veces la cosa se pusiera fea, no eran más que perros comportándose como tales. Animales salvajes aprendiendo conductas domésticas. Espero que sepas a lo que me refiero.

Más adelante, cuando dejé de llevar a un perro a cada lado y los paseaba a los dos a mi izquierda, sus costillas se tocaban, sus pelajes se fundían, avanzaban juntos al unísono. De verdad que podían parecer dos soldados, sobre todo porque Archie siguió creciendo y se hizo más alto aún, hasta que prácticamente fueron de la misma altura. En ocasiones, cuando caminábamos por Queen Street —un tramo muy señorial cerca de nuestra casa, plagado de pedigrís de talla menor—, la gente nos veía llegar y cogía a sus perros en brazos en un acto reflejo. Tanto el otro dueño como yo reíamos cuando comentaba: «Tranquilo, la próxima vez cogeré yo a estos dos en brazos». Había ocasiones en que incluso me sentía orgulloso de ellos, y tenía algo que ver con que fueran dos. Juntos, su aspecto era extraordinario.

—Ay, Dios mío, ¿son de la misma camada? —me preguntó una vez una joven desde la ventanilla de un coche.

—Qué va —contesté—. Son de perrera.

—¡Pues son impresionantes!

Solo pasados los años soy capaz de apreciarlo tanto como debería. Sí, claro, eran salvajes y problemáticos, pero como contrapartida derrochaban belleza y luminosidad.

En cuanto al primer candidato a hostilidades en la categoría de Más Memorables, hay un episodio que me viene a la mente con claridad.

Teníamos la suerte de vivir al lado de donde nuestros hijos iban a la guardería y a preescolar, y las personas que trabajaban allí eran estupendas. Una de las cosas que nos encantaba de nuestra casa cuando la compramos era oír a los niños jugando al lado, y a sus cuidadores, que decían cosas como: «¡Sí, Ethan, que bajes de ahí! Tú, sí, tú: ¡que no le estoy hablando al aire, colega!».

Una tarde, iba a recoger a Kitty sobre las cuatro y media cuando Belinda, uno de los pesos pesados del centro, me llamó:

—¡Oye, Markus! Acabamos de oír un ruido espantoso que venía de ahí al lado. A lo mejor los perros han pillado a uno de vuestros gatos.

Di un respingo, agarré a Kitty y eché a correr.

Falsa alarma, aunque solo a medias.

Cuando llegamos, nos dimos cuenta de que el llanto agudo que se oía desde nuestra casa era el de Archer. Tenía una de sus elegantes orejas rubias cubierta de sangre, y también el porche de atrás estaba todo salpicado.

Me quedé mirándolos a los dos.

—¡Mierda, Reuben!

Reuben se mostró impasible, impávido.

«Se lo ha buscado él solito».

Típico de Reuben, con su cara de póquer marrón y negra, aunque con cierta desazón por la vergüenza.

—¡Mira toda esta sangre! —exclamó Kitty sin un atisbo de histeria.

Puede que los niños tengan la misma facilidad para encajar escenas de semejante violencia como la que poseen para inventar palabras. Que yo notara, mi hija de cinco años solo parecía pensar: «Explícito, sí, pero no hay por qué alarmarse».

Me puse a limpiar las baldosas, las paredes y al perro, no necesariamente en ese orden. Después de adecentar a Archer, le taponé la oreja con un paño y la hemorragia por fin se cortó, o eso creí.

Bastante más tarde, cuando los perros ya estaban dentro, Archer se sacudió con fuerza y la sangre volvió a brotar de su oreja como si alguien estuviera agitando un pincel empapado de pintura. La imagen y el sonido lo golpearon todo: el cristal, las cortinas, el sofá, los marcos de las puertas, la pantalla de la televisión... Todo. Una obra de arte abstracto en toda regla. ¡El perro había creado un Pollock!

Mika:

—Tenías que quedártelo, ¿verdad?

Yo, mientras cumplía con mis deberes de limpieza, segunda ronda, la edición interior:

—Pues sí. Esta vez la he hecho buena, ¿verdad?

—No te quepa duda. Supongo que aún esperas que esa buena suerte haga acto de presencia, ¿verdad?

—Ni lo dudes.

Pero, de nuevo, mientras lo decíamos, sonreíamos.

Archer se me acercó con una mirada de perro triste más que oportuna.

«¿Qué pasa? ¿Qué he hecho?».

Lo agarré del cuello y le di un abrazo.

A veces no importa la sangre.

Bueno, nos acercamos al final del capítulo y..., ¿alguna idea de en qué me trajo suerte Archer?

No, no llegó a ocurrir.

Tampoco la merecía, la verdad. Al menos con *El puente de Clay*.

Básicamente, hacia los meses de abril o mayo, siempre cometo el error de decirles a unas cuantas personas selectas que tendré el nuevo libro escrito para finales de año. Casi nunca ocurre.

En 2011, la presión era mayor.

Había sido un año difícil para las editoriales, y Cate, mi amiga y en aquel momento editora, era también directora editorial en Pan Macmillan. Llegado diciembre, estaba esperando que le entregara la novela y aún recuerdo cuando que le dije que lo olvidara, que estaba muy lejos de tener el libro acabado. Me contestó que era como si le hubiera dado un puñetazo en toda la cara. Si te soy sincero, no la culpo.

Cuando vino a casa para cantarme las cuarenta, con cariño, y ordenarme que terminara de escribirlo de una vez, en nuestro jardín estalló una pelea brutal entre los perros, y estoy convencido de que la vi pensar: «No me extraña que no consigas hacer nada; has tomado muy malas decisiones en esta vida».

Esa misma semana, estaba sentado en el jardín de atrás para participar en una videoconferencia de la junta de Sydney Story Factory, el centro benéfico para jóvenes escritores. (Era el miembro más incompetente que la junta había tenido jamás, te lo aseguro. Estoy convencido de que hubo suspiros de alivio cuando lo dejé, unos años después).

En mitad de la reunión, los perros explotaron.

Reuben comenzó tan bocazas como siempre y Archer le contestaba. La viva imagen de dos perros en guerra. Empezaron a saltar y a brincar por todo el jardín. «¡Que te den!». «¡No! ¡Que te den a ti!». «¡Como te pille te estrangulo!». «¡¡¡Pues yo te mato!!!».

Lo único que faltaba eran navajas y botellas rotas por el cuello.

En cierto momento, una mujer de la junta se aclaró la garganta.

—¿Todo bien por ahí, Markus?

—Ah, sí —repuse—. Todo bien. Son unos animales salvajes, nada más.

Di gracias por que no llegaran a derramar sangre.

Sin embargo, y eso ya no era tan típico, después volvieron a entrar en casa. Se habían calmado, recorrieron las habitaciones y se pusieron a mirar a los niños, que estaban pintando con colores. Puede que también leyendo un poco. Archer se acomodó, apoyó la cabeza encima de Reuben y los dos se quedaron tumbados. El largo morro dorado de Arch descansaba sobre el lomo de Reub, que se lo permitía, lo disfrutaba, y así se quedaron dormidos, como amigos y compatriotas. O, mejor, como hijos y hermanos.

En cuanto a mí, me senté junto a ellos pensando que el año siguiente sería el año en que por fin terminaría *El puente de Clay*, aunque eso estaba aún más lejos de lo que creía. Jamás me había engañado tanto a mí mismo.

El perro que se enfrentó a la sierra eléctrica

La mala suerte nos golpeó ese mismo diciembre o, como suelo explicárselo a la gente: «Nos quedamos con Archer pensando que nos traería buena suerte, pero en cuanto lo tuvimos en casa fue como si nos hubieran echado mal de ojo».

Reuben tenía casi dos años y medio.

Archie, unos ocho meses.

En un paseo la mar de normal, noté que Reuben cojeaba de la pata izquierda trasera, pero no le di mucha importancia. Como nosotros, los perros sufren toda clase de rasguños y magulladuras y, teniendo en cuenta las palizas que se daban esos dos, parecía lógico que tuviera una pequeña herida. No solía tardar en recuperarse.

A medida que pasaban los días, sin embargo, la cojera fue empeorando. Lo llevé a ver a Paul, nuestro veterinario, que siempre estaba dispuesto a echar unas risas y enfrentarse a un reto.

Más bien alto, con el pelo rizado y siempre, pero siempre, ataviado con vaqueros negros, un polo y gafas, Paul era el veterinario perfecto para Reuben. Mejor dicho, no le tenía miedo. Mientras que el veterinario anterior me pedía que le pusiera el bozal (cosa que yo entendía perfectamente), de alguna forma Paul sabía que Reuben no le haría daño, y nunca faltaba una apostilla teñida de un sentido del humor algo cáustico.

—Tengo la sensación de que Reuben y yo hemos conectado —me comentó—. No diría que nos tenemos «cariño», pero ¿algo así como un «respeto a regañadientes»?

—Bueno, no intenta comerte —repuse—. Ya es mucho.

—¡Exacto! Poquito a poco.

Paul reía mientras Reuben maniobraba para esconderse en diferentes rincones de la sala de examen.

—Ven aquí, chico —le decía, y lo hacía con un aprecio que transmitía mediante el tono de su voz, como diciendo: «Conmigo estás a salvo, no te dolerá tanto como crees. Puede que yo no te caiga bien, pero no voy a dejarte tirado».

Una de las mejores características de Paul es que nunca se deja llevar por el pánico. Su línea de actuación primordial es el sentido común. Cuando le llevé a Reuben para que le mirara la rodilla, le estiró varias veces la articulación, la hizo rotar y le palpó toda la pata.

—Hmmm...

A nadie le gusta un «hmmm» como ese.

—A ver, está claro que le duele bastante —dijo—, pero, a menos que le hagamos una radiografía, no sabremos lo grave que es. A lo mejor se cura solo, pero con los perros grandes siempre está el temor de que se trate del ligamento cruzado.

El cruzado.

No era la palabra que empezaba por *c* más bonita del mundo, pero tampoco la peor. Intentamos seguir la conversación con toda la ligereza posible.

—Para la radiografía habría que anestesiarlo, solo para que se quede lo bastante quieto. Así que, de momento, creo que nos limitaremos a vigilarlo. Que esté tranquilo. Nada de saltar por ahí ni de hacer boxeo con Archer, y a ver si mejora.

—¿Que estén tranquilos? —pregunté.

Paul apartó los ojos de Reub y me miró.

—Ya sé que es mucho pedir.

Como ya he dicho, una de las mejores costumbres de Reuben era que nunca tiraba de la correa cuando salíamos, algo que para mí era innegociable. No puedes permitir que un perro te mangonee en plena calle (véase de nuevo el principio del libro, con Frosty). El perro no puede estar al mando.

Por supuesto, también se portaba bien cuando aminoraba el paso si Kitty lo sacaba a pasear, pero, como he dicho, con un segundo perro en escena siempre había más riesgo. Las mayoría de las veces se comportaban, pero en cualquier momento podían saltar el uno sobre el otro o lanzarse un golpe bajo. Por cualquier tontería podía estallar una pelea. Ver a otro perro un poco más allá desencadenaba un aumento acelerado de la velocidad. Al principio seguí sacándolos a los dos juntos y, ya en el parque, soltaba a Archer para que corriera solo.

Resultó que a Reuben le parecía bien. Era un perro al que le encantaban las perrerías y era capaz de correr a buen ritmo durante kilómetros, pero no le importaba permanecer a mi lado. Yo tenía la teoría de que tal vez le gustaba la idea de ser el escogido para quedarse cerca porque lo quería más a él... Pero eso es suponerle sentimientos humanos a un perro. Ya es bastante horrible que les haya dado diálogo para conseguir un efecto cómico. ¿Atribuirles motivaciones más elevadas? Incluso yo sé que eso es pasarse.

Dio igual, no sirvió de nada. La rodilla no hacía más que empeorar. En casa, los separábamos todo lo posible con la esperanza de que no se provocaran, porque eso es lo que hacen los perros jóvenes. Y además eran hermanos, o como si lo fueran. Y los hermanos se pelean. Resultaba interesante verlos adormilados y que, de pronto, Archer se inclinara a mordisquearle la pata a Reuben.

«No me toques».

«Venga, tío, vamos a jugar».

«Contigo voy a jugar, sí».

«¿Va en serio? ¿Y qué te parece esto?». Se levantaba de golpe y le saltaba directo a la garganta.

Ya ves por qué los teníamos separados.

A mediados del mes de enero me llevé a Reuben cuatro o cinco días a Narrawallee, una población costera a la que iba con la intención de trabajar. El objetivo consistía en avanzar un poco con *El puente de Clay* y darle a Reuben un descanso de Archer. También en tomar una decisión. Si la rodilla no empezaba a mejorar, tal vez hubiera llegado el momento de hacer esa radiografía. Habíamos conseguido que anduviera con cuidado durante un mes entero, y seguía haciéndolo la mayor parte del tiempo, pero todos tenemos una parte oculta que lo único que quiere son respuestas. A ver, el perro seguía cojeando. No mejoraba. En casa había comparado sus patas con las de Archie y resultaba fácil ver que las de este, pese a ser largas y angulosas, nunca iban a combarse. Las de Reuben parecían estar a punto de ceder en cualquier momento.

El último día de mi escapada de escritor, le solté la correa en la playa y me miró como diciendo: «¿Estás seguro de esto? ¿Lo dices en serio?».

—Venga —lo animé—. Corre un rato.

Y él se tomó esa libertad sin límites, en todas las direcciones imaginables. Ya era entrada la tarde, las olas llegaban con fuerza. Reuben levantó el vuelo desde los montículos de las dunas y su sonrisa iluminó el atardecer.

Cuando nos marchamos de la playa, llevado por la emoción y los latidos acelerados no cojeaba en absoluto, pero al día siguiente amaneció dolorido. Tras regresar a casa en coche, como para ponerle la guinda al pastel, nos encontramos con una clásica estampa urbana. Justo después de aparcar en nuestra calle y dejar bajar a Reuben, un *skater* pasó a toda velocidad. El perro dio un salto hacia delante y se puso a perseguirlo.

—¡Reuben! —grité—. ¡Eh, Reuben!

Se detuvo y regresó sin prisa.

Al verlo, reconocí la imagen. La había visto en retransmisiones de toda clase de deportes en las que alguien se fracturaba un brazo o se destrozaba un hombro: esos planos de una extremidad colgando sin fuerza. Exactamente así fue como regresó Reuben. Con la pata colgando muerta a un lado.

De nuevo, me pregunto qué opinión te merecerá todo esto.

¿Fui un completo irresponsable?

Me aferré a la idea de que la rodilla debía de estar rota y de que más nos valía comprobarlo. Hicimos la radiografía y obtuvimos el resultado esperado. El ligamento cruzado ya era insalvable.

No sería Paul quien lo operara, puesto que no es ortopeda. El cirujano en cuestión se llamaba Eugene, y en toda la ciudad decían que Eugene era el mejor. Eugene sabía lo que se hacía.

Resulta que ahora yo también sé bastante sobre reconstrucciones de rodillas en perros, tanto física como económicamente. En lo físico, cualquier veterinario te dirá que es una operación importante, más que en un humano.

¿En lo económico?

Cinco mil.

Lo mires por donde lo mires, cuando has pasado por las radiografías, el cirujano, los analgésicos, la primera fase de la recuperación, más radiografías (para asegurarse de que todo ha salido bien) y las visitas de seguimiento con el veterinario de cabecera, te has gastado cinco mil dólares australianos.

Después, por supuesto, está el tiempo.

Los primeros días son sin duda los más cruciales, luego la primera semana. Después, las siguientes seis. En total pasan entre seis y ocho meses hasta que la recuperación es total.

Lo último que quisiera ahora es aburrirte con el tema de los seguros para mascotas, así que lo soltaré sin paños calientes. No disponíamos de seguro. Tampoco quiero frivolizar en cuanto a qué suponen cinco mil dólares australianos. Es mucho dinero para el bolsillo de cualquiera, y nosotros teníamos la suerte de poder permitírnoslo. La cantidad salió de la hipoteca de nuestra casa, igual que ocurriría con la segunda operación de rodilla, la más importante, varios años después. No todos los días recibes una factura de 11.897,65 dólares del veterinario, pero tampoco todos los perros son Reuben. De momento, me limitaré a decir que pagamos y que no me arrepiento ni por un segundo.

Reuben se sometió a la sierra eléctrica de Eugene a finales de enero de 2012. Recuerdo muchas frases memorables de experiencias terribles como esa, pero mi favorita es una que dijo el cirujano antes de la operación:

—Bueno, básicamente serramos la rodilla por la mitad..., por aquí.

Miré el clarísimo diagrama que me hizo.

—¿Por la mitad?

—Por la mitad, sí.

Pobre Reuben. Me dio mucha pena.

Me puse en contacto con Pat y Clare (tal vez recordéis a Thyla, la doble de Reuben). Ellos ya habían pasado por algo similar y nos prestaron su jaula extragrande, o más bien cajón. Después de montarlo en mi despacho, dejamos que Reuben se acomodara en él sin sospechar lo que se le venía encima.

Pat y Clare eran unos dueños modélicos, pero también —y sé que no les importará que lo diga— tenían una perra con una faceta agresiva. Su devoción por Thyla era suma, no obstante, y durante su recuperación fue hasta excepcional. Agotaba solo planteárselo. Me contaron que habían usado una sábana enrollada para levantarla y sacarla a hacer sus necesidades. Luego me hablaron de las semanas y los meses durante los que hubo que procurar que guardara reposo. Con dos niños, dos gatos y Archer, nosotros teníamos que hacer planes.

No mucho antes de la operación, encontré algo cerca de casa. En ocasiones merece la pena rebuscar en la basura. (A menudo, durante las recogidas de trastos del ayuntamiento, me llevaba cosas a casa y Mika se exasperaba, y con razón: «¡Venga ya, otra vez no!»).

Lo reconozco, a veces se acierta y a veces se falla. Casi siempre se falla.

Me he llevado a casa librerías que se inclinaban peligrosamente, bicicletas abandonadas por motivos de peso... Pero también un horno de juguete hecho por alguien, con el que nuestros hijos estuvieron entreteniéndose una década entera.

Faltaba poco para la operación de Reuben cuando encontré un tablero de mesa o de escritorio apoyado contra un muro. Ya había pasado de largo por delante varias veces. Tenía un saliente de unos ocho o diez centímetros de altura que recorría todo el borde trasero; comprendí que, si lo colocaba boca arriba, podría crear un césped en miniatura para Reuben, que así podría vivir en la planta de arriba, en mi despacho, con salida al balcón.

Mika y yo cargamos con él y lo subimos. Después me puse a trasladar cubos de tierra a casa para esparcirla sobre el tablero volteado y, por último, arranqué parches de césped, que planté encima. La verdad es que quedó bastante resultón. En los meses venideros, incluso creció la hierba. Me sentía especialmente satisfecho porque era algo práctico, y las personas consideradas «creativas», incluido un servidor, no solemos ser conocidas por nuestro sentido común. Además, de niño, en mi familia tenía fama de ser un torpe, y bastante inútil, así que me encanta cuando consigo terminar una chapuza doméstica.

Más que nada, sin embargo, me pareció uno de esos momentos en los que reconoces que tus animales te han hecho ser quien eres. Existen actos más reveladores aún que apoquinar cinco mil dólares australianos, y ese, para mí, fue uno de ellos. No consistió en la hazaña más complicada del mundo, sin duda, pero me pareció un gran compromiso. ¿Cuánto quieres a tu perro? Bueno, yo una vez le construí al mío un césped en el balcón. ¿Importa eso? Pese a los años que han pasado, sí, aún importa.

Llevé a Reuben a la clínica una mañana nublada y húmeda, consciente de que regresaría muy cambiado. La entrega en la sala de espera, su morro color carbón pegado a mí. Pasé una última vez la mano por su pelaje y atisbé un golpe definitivo propinado por su mirada. Me fulminó con silencioso rencor.

Al alejarme de allí en el coche, lo imaginé inconsciente en la mesa de operaciones, y a Eugene afilando la sierra. No podía estar ocurriéndole a un perro más bueno, de verdad, pero, al detenerme en el semáforo, cerré los ojos solo un segundo mientras me daba golpecitos con los dedos en el pecho.

«Que esté bien», pedí, pero ¿a quién creía que estaba engañando? Puede que Reuben hubiera demostrado una fragilidad muy poco propia de él, pero su fortaleza mental pronto quedaría demostrada sin lugar a dudas. Habrían hecho falta una docena de Eugenes y una caballería de sierras eléctricas para hacer mella en él.

En cuanto llegué a casa, subí al balcón y contemplé el césped improvisado. Después miré la jaula y esperé.

El perro más suspicaz

Reuben volvió a casa con un trozo gigante de pelaje rapado en un costado, una pata trasera casi del todo calva y un redoble de puntos bien prietos. Parecía que había participado en un encuentro de lucha libre, un combate de boxeo y una pelea de bar, todo en la misma noche. Por lo demás, estaba bien.

Después de la operación, pasó la noche en la clínica veterinaria y, tal como había anunciado Eugene, a pesar de las apariencias, a la mañana siguiente pudo andar. La rodilla, aunque frágil, era funcional. Lo peliagudo sería conseguir que no la utilizara para correr.

Lo saqué del coche en brazos y lo metí en la casa.

Era mucho perro.

Tenía terminantemente prohibido subir escaleras, así que cargué con él hasta arriba, pero dejé que caminara por el pasillo hasta mi despacho y que luego saliera por las puertas del balcón. Enseguida se puso a husmear el césped. Examinó el reborde del tablero de madera y después lanzó una mirada al tipo que lo había construido.

Entró y le dio su merecido, más o menos en el centro. Luego, y eso sí fue típico de Reuben, entendió la situación, regresó al despacho, pasó junto a mi escritorio y se tumbó en la cama que tenía preparada en la jaula. No hubo ninguna queja, ningún gemido, cosa que se convirtió en práctica habitual durante los años siguientes. A Reuben podías rajarlo, podías drogarlo, podías quedarte a un pelo de acabar con él, pero lo único que hacía era mirarte.

«¿De verdad? ¿Eso es todo?».

Dicho eso, como lo dejaras fuera unos treinta segundos después de que hubiera acabado de cenar, cualquiera diría que estaba quemándose vivo.

Desde luego, ante un acontecimiento de semejante magnitud, te aseguras de hacerlo todo como es debido. Teníamos una pequeña farmacopea de medicamentos que gestionar y se los administramos al pie de la letra. (No tardamos mucho en retirarle los analgésicos, sin embargo, porque Reuben parecía contento y feliz. De haber sido humano, habría estado en el sofá, comiendo patatas fritas y bebiendo birras).

Disfrutaba de sus comidas en la comodidad de mi despacho.

Salía a dar una vuelta por su césped particular, regresaba dentro y volvía a aposentarse. Esa era la opinión que le merecían las reconstrucciones de rodilla. No tenía ni para empezar.

El resto de la familia pasaba a verlo cada dos por tres. Kitty prácticamente vivía en mi despacho, apoyada en su jaula. Donde terminaba su ropa, empezaba el perro. Una imagen del exilio idílica.

Los únicos visitantes considerados persona non grata eran los gatos, y sobre todo Archer. Esos dos perros habían estado juntos apenas cuatro meses y de pronto vivían por completo separados. Cualquier interacción conllevaba un riesgo. Reuben estaría en mi despacho, y Archer tendría el resto de la casa, además del jardín. Y el mundo exterior, por supuesto.

La cosa fue bien los primeros días, pero no pasó mucho tiempo antes de que llegara al límite. En situaciones como esa, en una casa como la nuestra, algo tenía que salir mal. Cuanto más cuidado llevas con una reliquia familiar, más probable es que se te acabe cayendo.

Supongo que a mí se me cayó Reuben.

Aunque tampoco es que fuera la típica reliquia.

Estábamos en el tercer día de recuperación.

Todavía en la etapa más crítica.

Una fea hinchazón llena de líquido empezaba a envolverle la rodilla a Reuben y pensamos que Paul debía examinarla. Comentamos que no queríamos moverlo demasiado, pero al final consideramos que merecía la pena. Lo bajamos por la escalera y lo metimos en el coche. No pormenorizaré los detalles de la complejísima operación que fue necesaria para asegurarnos de que no hubiera niños ni otros animales cerca, pero fueron muchos. Lo fundamental es que, por aquel entonces, cuando iba en coche con los perros, bajaba los asientos y extendía sus camas en la parte de atrás. Básicamente ocupaban todo el vehículo, a excepción de los dos asientos delanteros. (Tampoco era del todo legal..., y estaba a punto de pagar por ello en cuanto a la falta de seguridad del perro).

Después de instalar a Reuben, iba a cerrar la puerta cuando oí el ruido sordo de algo que había caído en la calle. Me pilló desprevenido, así que Reuben consiguió salir del maletero de un salto. Se quedó quieto, medio en cueros y temblando, con la pata trasera agitándose como si fuera líquida.

Como imaginarás, se oyeron una buena cantidad de palabrotas que resonaron por todo el garaje. Mika salió mientras yo maldecía mi estampa.

—¡Es que no ha podido portarse bien ni tres puñeteros días!

Por suerte, Paul confirmó que todo iba como debía con la rodilla en vías de recuperación, que no había que preocuparse ni por el líquido ni por el salto de Reuben, y volví a llevármelo de la clínica a casa, cargué con él escalera arriba y la vida regresó a la normalidad.

La normalidad.

No consigo contener la sonrisa al escribir esto, porque la nueva normalidad evolucionaría poco a poco. Con todo lo que estaba ocurriendo en casa, desde que Kitty empezara el colegio hasta el trabajo de Mika, el mío, Noah, los gatos —los gatos, que seguían marcando territorio—..., los perros, en esos momentos, eran lo más fácil.

Fuimos reintroduciéndole el ejercicio a Reuben poco a poco, marcándonos un propósito semanal. Seis semanas después, no hacíamos más que sacar a perros a todas horas. Había paseos cortos con Reuben, paseos más largos con Archie. Todavía no podíamos dejar que Reuben bajara la escalera, así que cargaba con él arriba y abajo, primero una, luego dos veces al día. Durante varios meses por lo menos, en ocasiones eran hasta cuatro salidas diarias con los perros.

Mientras tanto, íbamos dándole vueltas a la cabeza.

Sabíamos que Reuben y Archer se oían y se olían, pero no estábamos seguros de cómo reaccionarían cuando se reencontraran. Ha pasado mucho tiempo y quisiera ser un narrador fidedigno, la verdad, por eso no puedo describir cómo se desarrolló exactamente la primera vez que los reunimos de nuevo. Eso me hace pensar que debió de ir bien. Si hubiera pasado algo terrible, lo recordaría.

Sé que fue como regresar a los días previos a la operación, cuando Reuben estaba convaleciente y tenía la movilidad restringida. Por las mañanas, los sacaba a los dos a dar un paseo corto, luego dejaba a Reuben en casa y me llevaba a Archie a echar sus buenas carreras.

En cuanto a la conducta de Archie por aquella época, la describiría diciendo algo como que «se comportaba». No creo que nunca disfrutase mucho de estar con otros perros. Quería a Reuben, y punto. Los demás se dividían entre especies amenazadoras y no amenazadoras. Según de qué humor estuviera, o la mañana o la situación en concreto, corría con ellos o los dejaba tirados. Si llegaban a enzarzarse, se aseguraba de ganarles. Recuerdo un atardecer que le dio por meterse con un par de Rottweilers algo pequeños de talla. Vi cómo les mordisqueaba el cuello, cómo intentaba alcanzarles la piel de debajo de los collares.

—Juega muy bien, sabe qué hacer —dijo su dueño, un cuarentón corpulento con el pelo oscuro y ondulado.

Y, aunque acepté el cumplido, vi al animal de su interior. Había tomado una decisión difícil y rápida: si se trataba de matar o acabar muerto, escogía lo primero.

Archie siempre llevó al perro callejero dentro.

Solo dependía de a qué distancia estuviera de la superficie.

A medida que nos adentrábamos en el invierno, se familiarizaron el uno con el otro de nuevo, y de nuevo volvieron a resultar imponentes. Reuben seguía con la correa; estaba recuperado en un noventa por ciento, pero no conseguía sanar del todo. Durante los paseos, todavía me parecía sensato ir con los dos a mi izquierda, aunque eso también tenía un precio. Podían estar andando perfectamente, la mar de tranquilos, hasta que de pronto Archie echaba a correr sin motivo alguno, y Reuben no podía tolerarlo. Al sacarlos temprano, como hacía yo, seguro que despertábamos a mucha gente con nuestro resentimiento ambulante.

Recuerdo una mañana en concreto, casi al principio de Ocean Street, subiendo la parte que está en cuesta. El sol estaba saliendo y, a saber por qué, Archer dobló hacia un lado y atacó a Reuben en la cara con ferocidad. Guerra instantánea.

Sin pensarlo, metí la mano.

Encontré el primer mechón de pelo rubio y tiré con fuerza y rabia para apartarlo de la refriega. Arch me miró con un agravio enorme, casi como si hubiera olvidado lo que acababa de hacer.

«¿Cómo te atreves?».

Y aunque tenía memoria de pez cuando se trataba de sus propios delitos, la tenía de elefante para los míos. Se pasó casi un mes entero sin regresar del todo cuando lo llamaba, como si lo hubiera atacado sin provocación alguna.

El colmo fue una noche en el Centennial.

Estaba oscuro y el parque ya se hallaba vacío.

Habíamos estado en los bosques y habíamos cruzado hacia el valle. Archer iba sin correa; Reuben, atado. Todo parecía ir bien hasta que llegó la hora de marcharnos y Archie se mostró especialmente rebelde. Cuando lo llamé, miró hacia mí, o puede que unos cincuenta metros a mi derecha. Entonces empezó a trazar un gran círculo, mirándome ofendido, con suspicacia, durante su largo e infame recorrido.

Reuben, indignado, junto a mí:

«Venga ya...».

Yo:

—Ya lo sé. ¡Archie, ven aquí!

Archer:

«Mira, no sé qué decirte...».

—¡Archie, que vengas!

Y entonces el silbido, mis tres notas características.

Nada.

(No hay mejor sensación que cuando lanzas un silbido, ese que solo tu perro reconoce, y vuelve a la carrera, como una bala, directo hacia ti; y nada peor que cuando pasa de todo. El contraste entre lealtad y traición. Un abismo de dolor entre lo uno y lo otro).

Cuando se dignó a regresar y se sentó cerca de mí, fui a ponerle la correa y al instante se apartó de un salto.

Repetimos la escena tres o cuatro veces más durante unos veinte minutos, y a la cuarta perdí la paciencia, y los nervios, y mi amor y gran parte de mi cordura. Dejé a Reuben y empecé a perseguir a Archie. Las palabras se cerraron en puños apretados, sin pausas, sin puntos ni comas. Rematadas tan solo por signos de exclamación:

—¡Que vengas aquí pedazo de cabrón serás capullo hijo de perra!

Pero un medio Galgo es ágil y rápido.

Muy por delante de mí, Archer escapaba al galope, como un hermoso rayo de luz. Yo casi no veía más que patas —unas patas largas, rubias; unas zancadas amplias, magníficas—, como si estuviera persiguiendo a una supermodelo que antes hubiera sido atleta.

—¡Arch, pedazo de cabrón!

Al final empezó a cansarse, acorté distancias y conseguí atraparlo. Estoy seguro de que, si había alguien por allí, debió de parecerle bastante cómico: un tipo persiguiendo a su perro y placándolo en el suelo sin dejar de maldecir y de azotarlo. Tenía el hombro remetido entre las costillas de Archer, que me miraba con cara de ofendido. Caímos al suelo deprisa y con mucha fuerza, y acabé respirándole tan vergonzosamente cerca de la cara que habría podido darle un beso en el hocico. No lo hice.

—Cuando te diga que vengas, vienes, maldita sea...

Volvimos a levantarnos y, tras llamar a Reuben, salimos del valle los tres. Archer ni se atrevió a tocar a Reub, y Reub miró al frente con ferocidad.

A medida que el año avanzaba a nuestro alrededor, fuimos haciendo todo lo que había que hacer. A veces, la sensación era más bien malsana.

Hasta que no te paras a pensar en los días y los perros, en las noches y los niños sin dormir, en los gatos que han vuelto a mearse en esa alfombra, en intentar trabajar un poco, no te das cuenta de lo complicado que es todo. Uno de mis recuerdos preferidos es el de una noche que conseguí acabar antes de las diez, y entonces Mika y yo sacamos una alfombra a rastras al jardín de atrás, la lavamos, la frotamos bien y luego la colgamos para que se secara encima de la casita de juguete. (Las alfombras mojadas pesan una barbaridad). El sumun del romanticismo marital.

Aún veo ese cielo nocturno como si fuera hoy: una lavadora de estrellas.

—Estamos para que nos encierren —dijo Mika.

Me volví muy serio hacia ella. Ninguno de los dos habría podido predecir todo lo que nos esperaba todavía; nuestro jardín trasero, un iceberg atroz. Aquello desafiaba a la imaginación, así que era mejor imaginar el final.

—Cuando todos estos animales se mueran —repuse—, no tendremos ninguno más.

Y lo decía absolutamente en serio.

Tercera parte

Grandes éxitos de Reuben & Archer

Pesadillas junto al depósito de aguas

No había nada como tener de nuevo a dos perros salvajes en plena forma, listos para entrar en servicio una vez más o, mejor dicho, para retomar las hostilidades. En noviembre de 2012 volvieron a poner el mundo patas arriba en un intento de recuperar el tiempo perdido.

Pero ¿qué podrían hacer?, te preguntarás.

¿Cuánto daño podían llegar a causar?

A ver, que solo eran dos perros.

Solo dos perros.

Qué ingenuidad... Aunque es comprensible, si no conocías a Reuben y a Archer. Créeme. En los años venideros habría peleas, ataques y cosas mucho peores. Detesto usar la palabra «asesinato», y más aún «asesinatos», en plural. Habría actos vandálicos. Y sobredosis. ¡Lo que pasamos con esos perros!

Para cuando terminó todo, habían formado una alianza inolvidable, emocionante y aterradora. Si hubieran sido un dúo musical, me imagino la portada del álbum, un recuerdo a una carrera llena de triunfos imponentes. Una retrospectiva infame:

GRANDES ÉXITOS
DE REUBEN & ARCHER
2013-2017

Empezó con uno de los peores.

Como siempre, hay una historia de fondo, y en este caso es la recuperación completa.

Según lo recuerdo, pasaron varios meses hasta que la rodilla de Reuben volvió a estar al cien por cien, pero quizá me equivoque. Repasando mi kilométrico catálogo de fotos de perros, hay algunas del invierno de ese año que cuentan una historia distinta. Entre ellas destaca una de un día que bajamos al sur para ir a la playa, y ahí están los dos, enzarzados en sus peleas habituales. A finales de año ya estaba todo superado. Una vez más, eran amenaza y fuerza en estado puro, más resueltos que nunca. Sobre todo Reuben. El mejor jugador del equipo había vuelto, nena, y estaba dispuesto a tomárselo como algo personal. El brillo de su mirada lo decía todo.

Algo que aún no he mencionado es que los dueños de perros problemáticos suelen moverse en la oscuridad, en la penumbra del amanecer, en las sombras más alargadas de la noche. Escondemos a nuestros animales del resto de vosotros.

Me pregunto cuántos de esos dueños usarán también mi táctica secundaria y los sacarán cuando llueve. ¿Demasiada agua para la gente con perros normales? Ideal para nosotros. No me apetecía volver a ver cómo Archer se lanzaba al cuello de perros más lentos y pequeños, ataques de los que, en alguna ocasión, Reuben también había escapado por los pelos. Si Archer empezaba el trabajo, sabía que Reuben no tendría ningún problema en terminarlo. Lo único bueno de todo aquello era que Archer solía ir primero a por su hermano para quitarse de encima a la competencia. En esos casos, yo podía interponerme entre los dos, agarrar a cualquiera de ellos por donde fuera y apartarlo a un lado. La amenaza quedaba reducida a la mitad.

Solo una vez se produjo un incidente de mayor importancia en el que Archer actuó por libre. Era temprano. El Centennial y algo de neblina. Por lo que fuera, un Labrador negro llamó su atención y aún lo veo dando alcance a ese perro más lento que él y tirándolo al suelo, soltándolo y volviéndolo a derribar, y una tercera vez, y luego una cuarta. Madre mía, el dueño estaba furioso. Incluso le pasé la correa de Reuben al dueño de un Kelpie que conocía de vista y eché a correr hacia Archie y el Labrador.

—¡CONTROLA A TU PUTO PERRO!

Hay palabras que no te apetece oír nunca, y menos aún cuando acaba de empezar el día, pero esa fue mi recompensa cuando por fin logré sujetar a Archie. Quise disculparme, pero el tipo ya casi había desaparecido en el bosque sin dejar de mascullar. Y lo entiendo.

—¡Lo siento mucho! —grité, pero no alcanzó a oír unas palabras que ojalá no hubiera tenido que pronunciar.

(Paradójicamente, esa misma persona aún me saluda alguna que otra vez cuando me ve, sin ser consciente ni de quién soy ni del perro que tuve. Se parece un poco a Kojak, con una calva afeitada a la perfección, y su Labrador todavía sigue vivo y coleando. Aunque ya hace un tiempo que no coincidimos; casi siempre lo hacíamos en el puente peatonal de Oxford Street que cruza al Centennial Park y al valle, también conocido como «el escenario de la tunda»).

Después de eso, lo más sencillo fue mantenerlos alejados de los demás perros en general. Los paseaba y los dejaba sueltos cuando no había nadie más. Ya apenas iba al valle y, cuando lo hacía, siempre acababa pagándolo. Los Pastores Alemanes volvían a rodear a Reuben, pero ahora ya no se enfrentaban solo a él, sino también a su teniente. El parque podía convertirse en una pelea callejera y no valía la pena arriesgarse. De modo que únicamente los soltaba cuando no había nadie cerca. Me mantenía en el perímetro exterior, o en las profundidades del parque, más tranquilas. Aunque esos campos estaban desiertos al amanecer, yo siempre me notaba nervioso, alerta. El precio de tener unos perros salvajes es la libertad. Nunca puedes relajarte por completo.

Dicho eso, también se dio una paradoja mayor: cada día se volvían más disciplinados. Incluso Archer empezaba a mostrarse bastante obediente. No solo venía cuando lo llamaba, sino que se sentaba a escasos centímetros de mis pies. A veces incluso me rozaba. Lo notaba contra las piernas.

—Eh, Arch —lo saludaba, y él se volvía para mirarme a los ojos, momento que Reuben aprovechaba para apartarlo de un golpe.

«Tira para allá, capullo».

«¿A quién llamas capullo, capullo?».

Podían estar así un rato y olvidarlo al instante, en cuanto les decía que pararan. Se quedaban sentados, mirando cada uno hacia un lado, los dos tiesos, los dos muy quietos, reprimiendo la naturaleza salvaje de su interior. Y un segundo después volvían a ser hermanos.

Ese era el problema.

Apenas necesitaban unos segundos para desatar el caos.

Un Beagle aparecía sonriente por una esquina y ¡pam! Los dueños eran bastante indulgentes, sobre todo cuando silbaba y los perros volvían conmigo de inmediato. Siempre temes a los dueños que no se lo toman bien, y tienen toda la razón. Esos incidentes eran anecdóticos, pero son de esos casos anecdóticos de los que siempre se habla. Como ya he dicho, olvido con suma facilidad la inmensa mayoría de los buenos momentos, así que voy a permitirme un pequeño capricho y regodearme en esas mañanas bañadas de optimismo, de rutinas consolidadas e impecables.

Recuerdo que un día fui al parque, muy temprano, y vi a Penny, que trabajaba en la librería del barrio. Penny, reconocible de inmediato por su lisísimo pelo oscuro y su postura perfecta, levantó la vista y vio a los perros. Iban a toda velocidad por el camino cuando de pronto se detuvieron en seco a mi lado, porque «aquí es donde paramos». Era un puesto de control para cruzar la carretera. Estaban sentados en las hojas caídas cuando Penny gritó:

—¡Madre mía, Markus, qué perros tan bien enseñados!

—Créeme, Penny, tenemos nuestros días.

Continuaban sentados, preparados, con la cabeza medio ladeada, a la espera de una palabra o un gesto.

—Vale —dije, y salieron disparados.

También recuerdo en especial una de esas salidas en las que acabábamos empapados por la lluvia. Fue una tarde en la que, de pronto, cayó un aguacero torrencial que inundó el Centennial en un abrir y cerrar de ojos.

Como suelo hacer en la actualidad con Frosty, corrimos a las zonas más externas del parque. En los Reservoir Fields, unos campos adyacentes al tramo más ancho de Oxford Street, los perros chapotearon la mar de felices corriendo a grandes zancadas mientras dibujaban amplios arcos para luego regresar como centellas, electrizados. En cierto momento me detuve a mirarlos. Saqué el móvil y, sin más, les hice una sola foto, mi preferida de ellos dos. Es una imagen de juventud visceral y velocidad cegadora en la que Reuben no es más que una sombra texturizada y Archie, puro músculo en pleno vuelo, un alarde de fuerza. Se ve que está girando hacia fuera, pero con toda la intención de volverse, sin temor al tren desbocado que se le acerca. Sigo sin haber hecho una foto mejor. De nada.

Respecto a dónde nos lleva todo esto, prometo —y además es una promesa aciaga— que ya casi hemos llegado. (No puedes titular un capítulo «Pesadillas junto al depósito de aguas» sin procrastinar un poco).

Primero debería explicar que lo que más temo son los casos aislados de verdad, los anecdóticos de entre los anecdóticos. Son las decisiones ingenuas e imprudentes las que conducen a un cúmulo de dolor inesperado. Cuando tomas un camino alternativo, o un atajo, o llegas diez minutos antes o después, rompes las reglas del compromiso. Si cambias el terreno de juego o sus parámetros, cabe la posibilidad de que te enfrentes a un castigo. Como me ocurrió un sábado de enero de 2013.

Me levanté y estuve listo un poco antes de lo habitual.

Aún quedaba bastante para que amaneciera cuando entramos en el parque y, no sé por qué, decidí ir a los Reservoir Fields, que ya se habían secado después de la lluvia. Nunca paseábamos por allí por la mañana.

El borde oriental de esos campos está protegido por una valla de tela metálica bastante maltrecha, de esas de dibujo romboidal, que tiene unos dos metros y medio de alto para evitar que los balones se precipiten cuesta abajo. Al pie hay otra pequeña extensión de hierba, además de los peldaños que conducen hasta el depósito y su intricada barricada metálica. Un camino rodea todo el conjunto, una vía bastante concurrida.

En el extremo de los campos, la ciudad queda delante de ti, a lo lejos, el depósito, a tu espalda y la pequeña extensión de hierba, justo tras el hombro izquierdo. Lo único de todo eso que ya no se conserva es un árbol esbelto, cerca de la valla metálica, que debía de doblar la altura de esta. Ya no recuerdo qué árbol era, quizá una banksia, pero sí la luz de esa mañana en cuestión, o más bien su ausencia. El típico resplandor de cuando el sol sigue arropado bajo la tierra, pero las luces de la ciudad se mantienen firmes. El mundo nunca está completamente a oscuras en los márgenes del Centennial, lo cual produce cierto alivio a la vez que una leve inquietud. En caso de necesitar ayuda, es probable que esta no se encuentre lejos, pero nunca estarás seguro de poder ocultar tus crímenes. Esa mañana no fue una excepción.

Rodeamos el depósito mientras algunos coches pasaban por Oxford Street, a nuestro lado. Los dos perros iban sueltos; sabía que se mantendrían alejados de la carretera. Más adelante, los campos tenían un aspecto fantasmagórico, como un mar interior gris.

Torcimos de manera instintiva hacia la valla metálica y en ese momento me percaté del interés repentino de Reuben por el árbol. Se acercó poco a poco, como un lobo o un chacal. Las heridas pasadas estaban olvidadas. Noté esa tensión que eriza la piel. Había adoptado la clásica postura de caza, el cuerpo adelantado, un poco alzado... Y la pista reveladora por antonomasia: una de las patas delanteras estaba suspendida en el aire. Se le estremeció un segundo, luego quedó inmóvil.

Reuben alzó la vista hacia las ramas.

Tenía la mirada encendida.

Estaba preocupantemente concentrado.

Allí arriba había algo, sin duda. Un pájaro, un murciélago, una zarigüeya, algo. Y entonces lo vi. Una cola peluda entre las ramas, a salvo en las alturas.

—Ya, muy bien, Reuben, pero olvídalo —dije—. Nunca podrás...

Y desapareció.

Dio un salto hacia el árbol y, no sé cómo, se encaramó a él.

—¡Me cago en...!

Las palabras apenas habían abandonado mis labios cuando me di cuenta de que había subido lo suficiente para lanzar a la zarigüeya al suelo sin dejar de gruñir. Y ¿cómo decirlo con delicadeza? La zarigüeya no iba a callarse. Soltó un impresionante y salvaje alarido propio de una *banshee* seguido de un chillido, entre volteretas y revolcones. No sabría decir cuánto duró, pero fue bastante, puede que medio minuto (mucho tiempo, muchísimo en términos de una pelea de perros, créeme). Llegué a la mitad. Me expuse a las fauces de un perro y a las legendarias garras de una zarigüeya mientras ellos luchaban a vida o muerte, de manera bastante literal, en la turbia tiniebla.

Lo siguiente puede parecer una pregunta extraña, pero ¿alguna vez has intentado apartar a tu perro de algo a lo que pretende matar? Créeme, es prácticamente imposible. No hay manera de agarrarlos por ninguna parte; demasiadas cosas en movimiento. Olvídate de la cantidad de músculos que un humano necesita para sonreír o fruncir el ceño, un perro los usa absolutamente todos en una pelea.

Mientras yo trataba de poner orden y gritaba en vano, la riña se trasladó colina abajo, a la pequeña extensión de hierba. Estaban en una especie de ruedo, o en el mismísimo valle de la muerte, y yo aún no había sido capaz de agarrar a Reuben. La mole de su abundante musculatura resultaba brillante e imponente. Era todo codos y cartílago, pura fuerza. Un corazón y una boca volcánicos.

¿Y la zarigüeya?

Un espectáculo de chillidos.

No paraban de moverse y escapar de mi alcance.

Como habrás imaginado, el siguiente problema fue «el otro». Una presencia rubia apareció como un rayo en medio del fragor de la batalla, como si lo hubieran disparado con un cañón casi a bocajarro.

Íntimo primer plano de Reuben. Era muchísimo perro. A todas horas. Todavía lo añoramos horrores.

Archer: perro callejero, supermodelo, matón, vándalo, ladrón... Caballero. Todo contradicciones, pero lo quise tanto como cualquier hombre ha querido nunca a un perro.

Frost: sin arrasar nada en ese momento, aunque nunca falta mucho para eso...

Bijoux: el guerrero definitivo.

FOTO: WESLEY LONERGAN

Reuben de joven: un animalito encantador.

El futuro: la viva imagen del terror.

Los mejores amigos de los niños: Reuben supervisa los dibujos de Kitty y Noah (arriba); Archie, un cómodo cojín (abajo, izquierda); y Frosty, el mayor perro faldero del mundo (abajo, derecha).

Una breve historia de Reuben y Archer:

Camorristas.

Soldados.

Compañeros de equipo.

Hermanos.

Noah y Archie: segundos en todo su esplendor.

Aunque la primera vez que llevamos a Noah a casa, Reuben pensó que era comida, enseguida aprendió que era de la familia, alguien a quien amar y proteger por encima de todo.

Noah y Arch: paseos invernales al salir del cole.

Mika cuidando a Reuben después de su segunda reconstrucción de rodilla.

Otro día en el parque: Mika y Archie.

Kitty y sus chicos.

La compleja relación de Archer con la literatura... Lector (arriba); intelectual (abajo, izquierda); destructor (abajo, derecha). Nótese la fotografía del autor destrozada entre la carnicería, aunque Reuben también ayudó bastante.

Una tarde torrencial: mi foto preferida de todas las de Reuben y Archer.

El último gran momento al sol de Kitty y Reuben. Estaban despidiéndose y no lo sabían.

Reuben, cerca del final. Cuanto más lo maltrataba la vida, más guapo estaba.

Mika y Reub, la última mañana.

Recuerdos de los buenos tiempos. ¡Los mejores tiempos!

Archie acostumbrándose a su vida en solitario con una partidita de Monopoly.

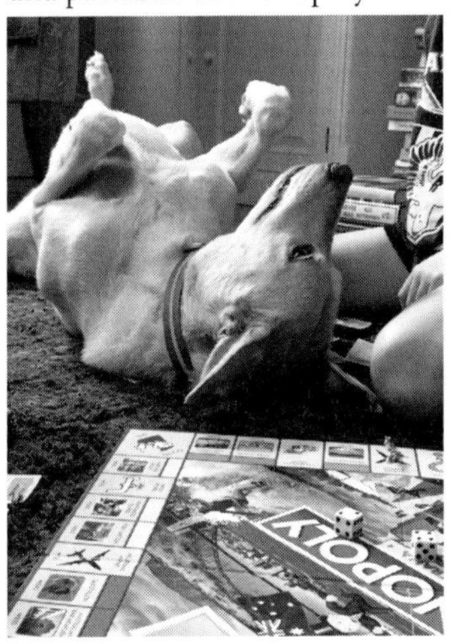

Arch, después de los incendios: como caminar por la superficie de la luna.

No puede decirse que Archie y Brutus se hicieran amigos ni nada por el estilo...

Los perros que se van son trágicos y hermosos, igual que los niños que los quieren.

Archer. Mi centinela. Todavía lo es en el salvapantallas, desde donde me vigila mientras trabajo.

Estados naturales de Frost:

Enemigo de los palos.

Monada.

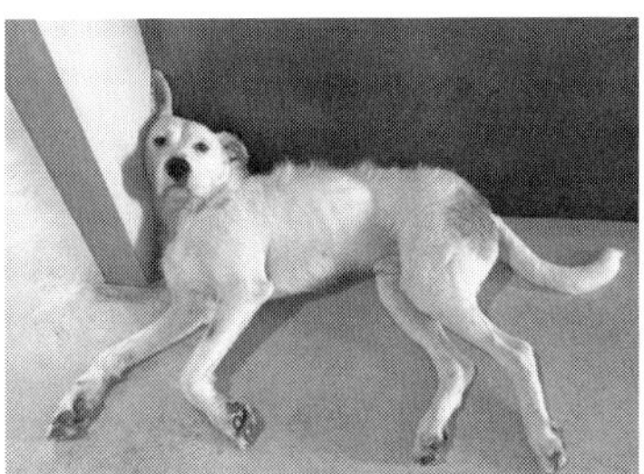

No muy fotogénico.

Demente.

¿Qué queda? Ellos son nuestros. Nosotros somos suyos. No hay un solo perro al que desee olvidar.

—¡ARCHER! —grité—. ¡QUIETO AHÍ!

Por descontado, fue imposible detenerlo, así que el furor continuó allí delante.

—¡REUBEN!

Metí un brazo y agarré algo. Con una mano lo sujeté por el asidero del cuello y cerré la otra sobre su lomo. Grité su nombre una vez más, aunque con una voz que no reconocí. ¿Conoces esas situaciones en que estás completa y absolutamente absorto pero despierto al mismo tiempo? Ese sonido prolongado que resuena a lo lejos eres tú.

Al final logré contenerlo.

Arrojó la zarigüeya como si fuera una bola de fuego. El bicho se quedó inmóvil, escupido, de lado, como un animal en una foto torcida. Junto a él, demasiado cerca para que me sintiera tranquilo, estaban las prodigiosas garras de Reuben.

Me pregunto cuántos huesos tendrán las zarigüeyas. ¿Qué hay debajo de ese pelaje húmedo? ¿Qué engranajes y mecanismos manejan sus ojos curiosos y vigilantes? ¿Cuánto pesa su corazón?

Lo busqué después: el número de huesos asciende a ciento veintiséis, y cuando esos ciento veintiséis huesos en particular dieron con el suelo esa mañana, no tardaron en verse acosados de nuevo. Archer, que tenía una velocidad endiablada, arremetió contra ellos al instante.

—¡ARCHER —vociferé—, SERÁS CABRÓN!

El fuego prendió de nuevo en Reuben.

Lo obligué a echarse al suelo una vez más —«¡Quieto aquí!»— y golpeé Archer con el mosquetón de la correa. Sí, habrá quien diga: «¡Bonito ejemplo de cómo se trata a un perro!», pero, sinceramente, me da igual. Le pegué una sola vez con la parte redondeada de metal cerca de la cabeza, con fuerza, y Reuben (haciendo caso omiso de todo lo que no fuera suyo por derecho) se lanzó de nuevo a la pelea. Madre de Dios, pero ¡¿cuándo iba a acabar aquello?!

Un pequeñísimo golpe de suerte hizo que lograra abortar la reentrada de Reuben.

—Quieto. ¡Ahí! —repetí, y esta vez me hizo caso.

Por fin pude asir a Archer con firmeza, engancharlos a los dos con la misma correa y arrastrarlos de vuelta a los escalones del depósito. Mientras los ataba a los postes de hierro, Archer estuvo a punto de salir corriendo de nuevo, pero lo sujeté con fuerza y lo obligué a sentarse, por las malas.

—¡No, pedazo de capullo!

Me miró como diciendo: «¿Qué?».

En cuanto a Reuben, esperaba como un espartano.

Era todo manchas de sangre, pelo y polvo de zarigüeya.

Parecía desesperado por acabar el trabajo.

A continuación, la angustia de las secuelas.

Me acerqué como buenamente pude al escenario del crimen, temiendo ya la muerte, pero rezando por que se hubiera obrado un milagro. Lo que me encontré fue algo peor, una espeluznante combinación de ambos.

Como esperaba, la zarigüeya seguía viva, tendida boca arriba y rodeada de restos de pelo. (Vale, olvida cuántos huesos tienen las zarigüeyas, ahora lo importante es saber cuánto pelo. Ya te lo digo yo: un montón).

De modo que sí, para mi sorpresa y horror, la zarigüeya seguía respirando, aunque de manera débil y superficial. Pelaje oscuro, como un mezcladillo de nubes, aunque también del color de la tierra.

«Mierda», pensé, y la miré a los ojos, que eran grandes como el resplandor de una farola. El corazón le latía muy deprisa, demasiado. Me agaché junto a ella, pero no había nada que hacer. Tenía las garras medio cerradas y vueltas hacia el cielo, unas manitas diminutas y, sin más, el resplandor se apagó.

Vi la vida adentrándose de nuevo en sí misma.

Vi la luz abandonando sus ojos.

Cuando eres testigo de algo así, necesitas un momento para procesarlo, para asumirlo. Respiré aire y semioscuridad. Aire y semiluz.

Mirando alrededor, comprendí que la carnicería iba mucho más allá de lo que había imaginado. Aquella guerra de apenas un minuto había terminado, pero los restos eran dignos de contemplar: un paraíso de pelo de zarigüeya. A medida que el sol asomaba poco a poco e iluminaba el desastroso desenlace, fue apareciendo pelo por todas partes, desde la valla hasta el lugar del descanso final del animal. Dos perros esperaban atados en el depósito, presidiendo lo que habían creado. Y luego estaba yo, de rodillas en el campo de batalla... Y, aunque sé que suena horrible, el tiempo corría en nuestra contra.

«Piensa —pensé—, piensa».

Vale. Recuperé la compostura.

Volví con los perros.

Los examiné con una tristeza hecha trizas y luego me puse todo lo literario que supe en ese momento.

—Gilipollas —dije—. Putos cabrones.

Reuben aún tenía pelo en la boca y le dije que así se ahogara con él.

Estuvimos allí un rato.

Sentía el peso de su respiración.

Y así empezó la lucha contra mi conciencia.

No duró demasiado.

Mientras me rehacía, valoré toda una serie de posibilidades —acerca de qué hacer a continuación, y cómo— y llegué a un triste triunvirato.

Primero: podía dejar a los perros atados y recoger hasta el último pedacito de zarigüeya que quedara, desde el cadáver hasta el pelo que la rodeaba. (Eso me habría llevado, y no es broma, más de dos horas). Segundo: podía coger a los malditos perros del demonio, llevármelos del escenario del crimen e intentar olvidar que aquello había ocurrido. Tercero: podía acompañarlos a casa y luego regresar para limpiarlo todo.

Al final no fui yo quien tomó la decisión porque, cuando eché un vistazo alrededor para comprobar si había testigos, quizá a unos cien metros de nosotros vi a un hombre que asomaba por el depósito justo en ese momento. Cómo no, llevaba un portabebés BabyBjörn. ¡Eso sí que era rencorosamente escalofriante! Imagínate allí plantado con dos perros salivando, los dos cubiertos de sangre, con la prueba incriminatoria a sus patas. «No hemos sido nosotros», me oí explicándole, y de pronto me convertí en un personaje de novela negra, o en uno de una versión humorística de las de golpes y porrazos. De pronto me sentí demasiado expuesto.

Opción tres.

Cogí a los perros, maldiciendo y sujetándolos con fuerza mientras los dos se resistían. Querían pasar más tiempo con la víctima.

—No, no, ¡no! —El grito que todos enjaulamos en un susurro—. Conmigo —dije—. ¡Conmigo!

Antes de cruzar los seis carriles de Oxford Street, me atreví a echar un vistazo atrás. Temía ver al padre en el escenario del crimen, pero ni siquiera se acercó al depósito. Para él, no se había producido ningún asesinato. Ninguna pelea, ninguna quemazón posterior en la garganta. No había visto el fuego en los ojos de un perro.

Los llevé a casa, apenado y furioso.

Mascullando, sin parar.

—¿Por qué narices teníais que hacer algo así?

Aún notaba la carga estática. Rabiaba en todos nosotros. Seguían teniendo el pelo erizado; yo, los brazos doloridos tras la pelea. En más de una ocasión volvieron la cabeza con la esperanza de poder olerla una última vez.

—Conmigo —decía yo.

Conmigo. ¡Conmigo!

Un hombre y su pareja de asesinos.

Como si paseara a un par de Al Capones.

Cuando llegamos a casa, los dejé en el jardín trasero como hacía siempre después de los paseos, aunque ese día parecía más bien un destierro. Seguro que esperaban encontrar otra zarigüeya, una un poco torpe que se cayera de un árbol.

Me quedé sentado en la cocina, sintiéndome miserable, repasando una y otra vez lo sucedido. ¿De verdad era buena idea que volviera? Seguro que ya habría gente. ¿Y si empezaban a hacer preguntas? (Lo sé, no era Raskólnikov en *Crimen y castigo*, quien asesina a su casera y se pasa el resto de la novela pagando por ello. Siendo realista, encajaba más en el papel de cómplice. Aun así, me sentía como un hombre con las manos manchadas de sangre de zarigüeya y dos máquinas de matar en el jardín).

Mika bajó poco después y le conté la sórdida epopeya. Los perros nos observaban junto a la puerta, a través de su aliento nebuloso. Como si no hubieran roto un plato en su vida.

En cuanto al dilema de volver y limpiarlo todo, lo hablamos y lo estudiamos mientras bebíamos sorbitos criminales de café.

Si yo era cómplice del crimen, Mika era cómplice del cómplice. Así pues, esto fue lo que decidimos.

No volvería.

En lugar de eso, llamé a la oficina de los agentes forestales y me sorprendí cuando alguien contestó al teléfono. A continuación, describí con mucha calma que me había topado con una zarigüeya muerta en una zona concurrida del parque. Expliqué dónde se hallaba y, después, sin ninguna vergüenza, añadí: «No parece que tuviera una muerte plácida, no sé si me explico. Puede que la cazara un zorro, porque aquello era una escabechina». Tragué saliva una última vez, mezclada con culpabilidad y criminalidad. «No querría que alguien pasara por allí, con niños pequeños, por ejemplo, y se la encontrara. Podría ser un poco desagradable».

Desagradable.

¿Te puedes creer qué desvergüenza?

Lo cierto es que, de ocurrirme ahora, que tengo mucha más experiencia de primera mano acerca de la inevitabilidad de muchas de estas cosas, habría dejado el pelo y me habría llevado la zarigüeya. La habría ocultado entre los matorrales y habría vuelto luego para enterrarla, por respeto, pero también por el hedor. Sé que a algunos les dejará insensibles y a otros les resultará ridículamente sentimentaloide:

«¡Mataron a una zarigüeya, qué horror!».

«¡Mataron a una zarigüeya, pues una zarigüeya menos!».

Al fin de cuentas, para mí una muerte no deja de ser una muerte, y un asesinato, un asesinato. La mayoría de los humanos tenemos principios, yo incluido, pero también somos cómplices de un mundo donde se crían animales en granjas para sacrificarlos, y sentirse mal cuando pasan estas cosas no deja de ser una hipocresía. ¿O solo importa cuando ocurre ante nosotros? ¿Solo importa cuando la idea no ha sido nuestra?

Aun así, me sentí aliviado cuando el agente forestal dijo que se ocuparían de la zarigüeya y que muchas gracias por haberlos avisado. (Me lo imagino colgando y volviéndose hacia su socio: «Genial, otra escabechina de zarigüeya. Ojalá me pagaran un dólar cada vez que alguien llama para dar un aviso. Con lo pegajoso que es ese puñetero pelo...»).

Por mi parte, eché un vistazo fuera, a los perros, a su aliento, a la niebla. Como en muchos programas de asesinatos de la tele, habíamos llegado a ese punto de la trama en que los malos «esta vez» salen impunes. ¿Cómo lo hicieron exactamente?

En realidad, fue muy sencillo.

Una simple llamada anónima.

Una pulida presentación de mentiras.

Me inquietó, aunque fuera un poco, la facilidad con que había bordado el trabajo. Suele decirse que solo hacemos daño a quienes queremos, pero hay una verdad más oscura detrás de eso, creo, en nuestra desconocida capacidad para protegerlos.

Los años de ideas descabelladas

Afrontémoslo, fue el instinto. Si un perro de cierta raza y temperamento ve una zarigüeya, es un cazador que ha encontrado a su presa. En realidad, no hay nada que hacer.

(Estoy seguro de que más tarde ahondaré en el instinto de caza de Frosty, pero de momento puedes suponer que se parece mucho a la pata alzada de Reuben, aunque, en lugar de trepar a los árboles con suma destreza, lo suyo es más un salto cómico en el aire. Aterriza a cuatro patas con contundencia y se pone a dar pisotones para espantar cualquier cosa que aceche entre las hierbas altas. Es un depredador a la vez que un desertor. La verdad sea dicha: en comparación, los otros dos eran unos santos).

En cuanto al intenso incidente de la zarigüeya del Centennial, aún veo los restos. Aún recuerdo los sonidos, su amplitud, su estridencia en mis oídos. La cocción a fuego lento de una autocompasión absurda.

«¿Por qué? —pensé—. ¿Por qué yo? ¿Por qué me he hecho cargo de estos dos animales psicóticos?».

Esa misma mañana, más tarde, salí a correr yo solo, cosa rara. Por lo general, dada la falta de tiempo, y teniendo a dos perros peligrosos, aprovechas cualquier oportunidad para que corran ellos.

Durante meses redoblamos la vigilancia.

Aquello no podía volver a suceder.

Pero, en fin, ¿qué puedo decir?

Las cosas continuaron torciéndose.

Según las palabras inmortales de mucha gente respetable, aquello no fue más que el principio. Solo de pensar que teníamos a esos perros y que todavía estaban en la flor de la juventud... Aún quedaba mucho camino por delante.

En cuanto a fechas, considero ese enero como dos inicios simultáneos. Venían años de ideas descabelladas, también del humor más negro y atrevido. (Algo que por fin he aprendido es que cuando una parte sustancial de tu vida se encuentra de manera permanente al borde de la desgracia, esta también puede ser homéricamente divertida). Al fin y al cabo, quizá esos perros fueran unos verdaderos malnacidos, pero también fueron unos auténticos amores. Eran como hijos adolescentes. Cuando la locura acababa y pasaba el castigo o el periodo de recuperación, solo era cuestión de tiempo que empezaran las risas.

Fueron una fuente constante de entretenimiento.

Sobre todo cuando se portaban mal.

Lo primero, el día de las sobredosis.

Sobredosis, sí.

Digamos que no es muy habitual visitar al veterinario cuatro veces un mismo día y que les hagan un lavado de estómago a tus dos perros.

Gracias a que vivimos cerca del colegio de primaria del barrio, durante años hemos sido depositarios de niños a quienes sus padres dejaban en nuestra casa por las mañanas o que se quedaban por las tardes. Era algo que nos gustaba mucho, aunque hubiera que vigilar a los perros. Dada la imprevisibilidad de los animales y, por supuesto, la de los niños, lo más seguro era encerrar a Reuben y a Archer en mi despacho.

Estábamos a finales de abril, así que tocaba vacunar a los gatos, y Reuben también tenía que ir para que le pusieran su inyección de pentosano y que la rodilla reconstruida, como diría Paul, siguiera bien engrasada. Primero llevé a los gatos (un maratón de maullidos en el coche) y volví más tarde a por Reuben, que hacía un tiempo que cojeaba ligeramente. Para aliviarle las molestias, Paul le recetó unos antiinflamatorios que metió en una bolsa de cierre hermético. Hasta ahí, todo bien.

Esa tarde, cuando volvimos a casa, Archer ya estaba en mi despacho y subí a Reuben para que le hiciera compañía. Llevaba las pastillas en el bolsillo y, todavía no sabría decir por qué, las lancé al escritorio metidas en su bonita bolsita de plástico. Debía de haber unas dieciséis o dieciocho, no lo sé. Eran como daditos, aunque aplastados, y de un marrón claro. Terminé un par de cosas, dejé a los perros en sus amplias camas (que ocupaban sus buenos metros cuadrados) y bajé para estar con los niños. Saltaron en la cama elástica y comieron naranjas cortadas en cuartos. De manera que, quizá una hora después de que los niños y sus padres se fueran, regresé arriba, abrí la puerta de mi despacho y encontré la bolsa de cierre hermético hecha trizas y empapada de saliva.

Cerré los ojos de inmediato.

Los perros estaban la mar de felices en sus camas.

—Mierda —mascullé.

Levantaron la vista los dos a la vez.

—¡Os habéis comido todos los antiinflamatorios!

Busqué algún resto solitario. Nada.

«¿Es que no eran para comer?». Casi se miraron y se encogieron de hombros. «Hemos creído que sí. Si no, ¿por qué ibas a dejarlos ahí, encima del escritorio, como si nada? ¿Y sin vigilar? A ver, ¿qué esperabas?».

Una vez más, se reunió el consejo de sabios.

Tanto Mika como yo dimos por hecho que había sido Archer, el más glotón de los dos con diferencia. Había oscurecido hacía rato, pero Paul seguía abierto, así que llamé y le expliqué lo que ocurría. Le dije que sospechábamos que había sido Archer y me recomendó que se lo llevara. Tras una pausa bastante juiciosa, añadió:

—Quizá haya que hacerle un lavado de estómago.

Aún hoy sigo sin saber cómo se le hace un lavado de estómago a un humano, pero lo que pasó allí fue que Paul tenía una especie de preparado que obligó a Archer a tragarse para animarlo a soltar el asunto. También había colocado varias hojas de periódico en el suelo, así que, siguiendo la ley de Murphy, y siendo Archer como era (un perro con mucho arrojo), el pobre vomitó al instante y de manera copiosa por todas partes menos sobre los periódicos. Tras lo cual, Paul, bendito Paul, se puso manos a la obra y examinó lo que Archer nos había dejado.

No tardó en alzar la vista con el ceño fruncido.

Habría preferido otra mirada.

—Markus, lamento decirlo, pero yo aquí no veo muchos restos de pastillas... —Llevaba guantes de silicona, seguía agachado, la luz se reflejaba en sus gafas—. ¿Crees que podría ser Reuben quien se las comiera, en lugar de Archer?

¿Cómo no iba a reírme?

—Sabes que es la tercera vez que me paso hoy por aquí, ¿verdad, Paul?

Él se mostró tan irónico como siempre, mientras aprovechaba las hojas de periódico para empezar a limpiar y desestimaba mi ayuda con un gesto.

—Bueno, es que nos caemos muy bien.

Me volví hacia Archer, que parecía aturdido, mareado y confuso.

—Tú te vienes conmigo —dije. Me miró con cara apenada—. No te preocupes, que ahora le toca a Reuben. —Eso pareció animarlo—. ¿Te va bien si lo traigo ahora mismo? —le pregunté a Paul.

—Quedamos así.

Estaba estrujando los periódicos.

Luego Reuben.

El duro y recio Reuben.

Digámoslo así:

Con Archie, es probable que Paul ni siquiera hubiera necesitado el temido preparado; en cambio, Reuben entró y supo de inmediato que allí había gato encerrado. Convencido de que el veterinario tramaba algo incluso más diabólico de lo normal, cerró la boca a cal y canto. Cuando por fin logramos que la abriera, se tragó el contenido del sobre como un valiente y luego miró a Paul con gesto confuso.

«¿Eso es todo?».

—Mmm... —murmuró Paul, y lo miró como solía hacerlo, con una mezcla de afecto y socarronería—. La mayoría de los perros lo echan todo bastante rápido, así que démosle un minuto.

Un minuto, dos... Nada. Al final tendríamos que poner la radio, aunque con Paul nunca te quedabas sin conversación. Solía hablarme del libro que estuviera leyendo en ese momento (por entonces era un gran entusiasta de Justin Cronin) y yo lo escuchaba encantado.

A los tres minutos, le dio una segunda dosis. Boca abierta, preparado garganta abajo. De nuevo, nada, aunque esta vez el perro no se mostró perplejo, quizá solo levemente resentido.

«Sé lo que pretendes y, que lo sepas, no te vas a salir con la tuya».

A la tercera, Paul tiró de estadísticas. La mujer del tiempo que trabajaba en la tele también llevaba a su perro allí. Por lo visto, hasta el momento, su pequeño y curtido Schnauzer era el perro que había mostrado mayor tolerancia al efecto del preparado.

—Si Reuben supera esta dosis y necesita una cuarta —dijo Paul—, ostentará el récord oficial.

Por un momento, me pregunté si habría una medalla o una placa. Aunque ¿qué llevarían grabado?

—Bueno, es un gran día para todos —comenté.

Paul parecía bastante intrigado, como si no se lo explicara.

—La verdad es que es todo un récord.

—A ver, por guapo no se lo van a dar.

—Venga ya, Markus, no seas tan duro con él. No me digas que no le ves cierto encanto tosco. Míralo.

Lo miramos.

Reuben estaba apoyado contra la pared, como un borrachín tratando de conservar el equilibrio. Determinación en estado puro. Madre mía, cómo lo quería. Se volvió hacia nosotros con la mirada un tanto nublada. Sin embargo, pareció revivir de nuevo. Paul ya había visto lo suficiente.

—Bueno, Reuben —dijo—, lo reconozco, eres un perro con una voluntad de hierro y un estómago a prueba de bombas.

Con el cuarto sobrecito de polvo garganta abajo, Reuben finalmente claudicó, pero primero se alzó orgulloso, desafiante. Fue él quien tomó la decisión, y quien se puso en pie, con las patas separadas.

«Vale. —Se estabilizó—. Vale, pero, que lo sepáis, solo lo hago porque yo quiero. Vosotros dos no pintáis nada en esto».

Con una última muestra de beligerancia, dio un paso adelante y arrojó. Cuando terminó, Paul se puso manos a la obra una vez más y examinó el resultado con más entusiasmo del necesario para mi gusto, pero hay gente muy entregada a su trabajo.

En cuanto a mí, abracé ese cuello de oso pardo en miniatura de Reuben, no pude evitarlo.

—¿Ves algo por ahí abajo, Paul?

Un aire de decepción.

—Bueno, lamento decirlo, pero no mucho.

Reuben me miró con aire sombrío.

«Gracias por nada. Vámonos a casa».

El año pasó volando, como todos los demás, o al menos así lo hacía siempre en nuestro caso:

Amor, humor y violencia.

Igual que ocurre con todas las historias, también hubo personajes secundarios, como perros más pequeños pero matones. Entiendo que el ladrido es la única arma que tienen, aunque algunos lo llevaban demasiado lejos, y entonces las reacciones eran diametralmente opuestas.

Siempre que un perro les ladraba como un poseso, Reuben fingía indiferencia.

«No pienso ni mirar a ese mierdecilla».

Archer no era tan benevolente.

Había un perro de no sé qué raza, pequeño y con cara de pocos amigos. De esos de morro salido y dientes que parecen un aparato de tortura medieval. Una pareja de ancianos lo sacaba a pasear por el barrio, y no es que yo no tuviera mis propios problemas, pero siempre que los veía, los compadecía: ese perro era una auténtica fiera. Su ladrido era estridente y resonante. Como si llevara encima un megáfono. Estoy seguro de que lo que pretendía decir era: «Eh, amigos, estoy muerto de miedo y soy pequeñísimo, así que ¿podríais mantener las distancias?».

Aunque desde luego no sonaba así, sino más bien como si fuera a comerse a alguien: «¡VENID AQUÍ, HIJOS DE PUTA, ME DAIS PENA! ¡UN PASO MÁS Y OS REVIENTO!».

Siempre recordaré los pantalones beis, las gafas de montura metálica y el pelo despeinado bajo el sombrero del hombre. La paciencia de la mujer, que sobrellevaba la situación con resignación y se estremecía mientras el perro seguía con sus bravatas.

Reuben ni se inmutaba, por descontado, pero, cada vez que nos cruzábamos con ellos, Archer clavaba los ojos en él con toda la intención, casi relamiéndose. Al final, me miraba y me suplicaba en silencio:

«Venga, colega, solo una vez. ¡Quítame la correa una vez nada más, solo te pido eso, te lo ruego!».

No era difícil imaginar lo que ocurriría.

Un día pude hacerme una idea, en casa.

Nuestra vecina, Iska, con quien compartíamos un camino, tenía una Papillón pequeña pero testaruda llamada Isabelle, abreviado como Izzy. Que conste que no teníamos nada contra la remilgada Izzy y los aires que se daba ni contra esas preciosas orejas flácidas, pero le encantaba ladrarnos siempre que pasábamos caminando. Chillaba desde su jardincito de más arriba y, a veces, cuando Iska le permitía salir, nos dejaba regalitos exquisitos en la puerta de casa. Incluso llegó a mear nuestra verja en un par de ocasiones.

Sí, lo sé. Podría haberme comportado como un adulto, podría haber sido asertivo y haberlo hablado tranquilamente con Iska, pero es que no me apetecía, al menos aún no. Decidí esperar hasta que se convirtiera en un verdadero problema, aunque debería haber sabido lo que iba a ocurrir. ¿Un perro marcando el territorio de otro perro? Eso era una declaración de guerra, y Archie estuvo a la altura de las circunstancias. Ansiaba venganza, era obvio.

Sábado por la tarde.

Llegué a casa de pasear a los perros, los solté y dejé la verja abierta un momento —siempre entraban sin más—, pero eso fue lo único que necesitó Archer ese día. Izzy bajó por el camino dando brincos mientras lanzaba sus diatribas y Archer pasó por mi lado como una flecha, sonriendo de oreja a oreja. Nunca lo había visto abrir tanto la boca. No podía creerse la suerte que tenía.

—¡Archie —exclamé—, mierda!

Como un bólido rubio descontrolado, la arrolló en dos segundos. A continuación, en cuanto Izzy volvió a ponerse en pie preguntándose qué demonios había ocurrido, «por el amor del champán francés», Archie derrapó cerca de la parte más alta y volvió a bajar con un alarido, arremetiendo de nuevo contra ella de camino a casa.

La pobre Iska tenía palpitaciones cuando Archie pasó trotando a mi lado.

«Ya te advertí que un día la pillaría».

Casi se sacudió las patas, como diciendo: «Listo».

Inicié las conversaciones de paz.

—Madre mía, lo siento, Iska, lo siento mucho... ¿Izzy está bien? ¡Maldito Archie, es un abusón!

En cualquier caso, debo admitir que, si bien Iska era algo excéntrica, también entendía a los perros. Enseguida perdonó el incidente, pero jamás lo olvidó. Aunque hubieran pasado muchos años, seguía diciendo: «Oh, ese Archie malo», cada vez que lo veía. Pero sonreía, no le guardaba rencor.

—¿Sabes?, Izzy aún lo recuerda...

«No me extraña», pensaba yo.

Y aunque no puedo aprobar por completo los métodos que Archie empleó ese día, al menos hay que reconocer que Izzy nunca volvió a mear cerca de la verja; algo había quedado bastante claro. En cuestión de guerrillas de barrio residencial —desde riñas hasta peleas callejeras, pasando por ocuparse de pequeños pelmas insolentes—, yo habría apoyado a Archer en prácticamente todo.

Vándalos

Durante esos años de ataques y locura, también hubo pillaje y vandalismo, lo cual nos lleva a hacernos una pregunta:

¿Cuál de las dos cosas provocó mayor caos?

A decir verdad, quizá el pillaje, aunque el vandalismo era más espectacular. Los comentarios eran casi idénticos y por lo general consistían en un «¡Maldito Archie!». Lo culpábamos prácticamente de todo.

A la larga, me he dado cuenta de que, en gran medida, los perros pueden catalogarse igual que los humanos. Sus personalidades van de tranquilos y callados a grandilocuentes, de sumisos a asilvestrados, de dignos de confianza a egoístas. Incluso sus costumbres de aseo varían. (Reuben era sin duda de arbustos y buscaba intimidad, pero Archer —pese a parecer dulce y tímido— tenía un punto exhibicionista. Su cuarto de baño ideal habría sido un campo de fútbol australiano bien segado en un estadio abarrotado de fans enardecidos. Aunque pareciera cohibido, disfrutaría hasta el último minuto. También era lo que yo llamaría un cagador errante, o un Hansel que iba dejando un camino de miguitas detrás. Algo que anticipaba su don para crear problemas).

Y los problemas acechaban a la vuelta de la esquina.

Hacia finales de 2013, me percaté de que Reuben volvía a cojear, aunque en esta ocasión por culpa de la otra rodilla trasera. Enseguida supe que la tenía deshecha. Pedimos hora y pasó por quirófano. Una vez más, los perros estuvieron separados y, tras un breve tiempo en mi despacho (que incluyó un fallido césped artificial en la terraza), dejamos que se quedara abajo, con Archer, aunque dentro de su jaula. Yo lo cogía en brazos para bajar los peldaños del jardín cuando tenía que hacer sus necesidades. Por entonces habían crecido un poco más, así que, tras las primeras seis semanas de rigor, pudimos sacarlos a pasear juntos, a paso tranquilo. No hacían perrerías cuando iban con la correa. Los dos caminaban muy derechos. En casa, cuando no eran Kitty o Noah los que se apoyaban en la jaula de Reuben, era Archer; rubio sobre pardo a través del metal. Me encantaba contemplar esas escenas.

No me malinterpretes, no por eso dejó de ser un proceso bastante arduo que duró entre seis y ocho meses, pero Reuben se recuperó más deprisa de esa segunda rodilla. A partir de entonces, cada vez que alguien me hacía la típica pregunta acerca de su raza, yo lo señalaba y decía: «Bueno, es un perro de baratillo con dos rodillas de cinco mil dólares». Si alguna vez hubo un animal cíborg, ese fue Reuben, un perro con algo de Terminator.

En 2014 compramos una casa de vacaciones en la costa, en Bendalong, un lugar donde trabajar a solas, pero también donde disfrutar con la familia. Se encuentra en una pequeña comunidad de casas de veraneo un poco desvencijadas, donde un puñado de personas viven de manera permanente. Encontramos amistades para toda la vida, y sobre todo conocimos a Angus y Masami, nuestros vecinos más próximos, que por entonces residían allí todo el año. Hicimos buenas migas con ellos por muchos motivos, y sus hijos son más o menos de la misma edad que los nuestros. Masami es una persona de espíritu generoso y Angus es el típico cascarrabias con un corazón de oro, además del amigo perfecto para ir a hacer surf, siempre entusiasta y puntual. Si surfeas hacia el atardecer, también es la clase de persona que coge la última ola antes que tú, pero luego espera en el agua. Cuando oscurece y la cosa empieza a «tiburonear», como dicen los surfistas y los nadadores de mar abierto, Angus es el tipo al que quieres tener a tu lado. Nunca te abandonará.

Pero ¿qué tiene que ver eso con los perros, y con los nuestros en particular?

Creo que la actitud.

Cuando Angus se pasó por primera vez por nuestra casa para regalarnos unas verduras del huerto de Masami, vio a los perros en el jardín trasero y sonrió. (Angus también es un poco follonero, bastante alto y con el pelo corto y despuntado. Trabajó un tiempo de piloto en Nueva Guinea, y luego en un rancho, donde se encargaba de las ovejas. Ha visto mucho mundo y sabe un par de cosas sobre animales).

—Esos perrazos tienen pinta de que serían buenos pastores —dijo—. ¿Puedo salir a saludarlos?

Mika se apresuró a avisarlo:

—El caso es que puede que te ataquen.

Él sonrió aún más.

—¿En serio? Bah, no pasará nada.

Mientras se acercaba a la puerta corredera de atrás, nos aseguramos de que Kitty no lo acompañara, porque eso podría hacer rabiar sobre todo a Reuben.

Y en efecto, Angus salió y les habló sin dejar entrever el menor miedo.

—Tú, cabroncete —le dijo a Reuben—. Sí, ya lo veo. Eres un grandullón con malas pulgas, ¿eh, tipo duro? —Luego se volvió hacia Archer—. Y tú, tú tienes cabeza de canguro. Voy a llamarte Cabeza-Canguro.

A Angus se le da bien poner motes, aunque, por decirlo de alguna manera, no siempre son políticamente correctos. Su favorito se lo puso más adelante a Archie, al que llamaba el Dingo Gay, y con ese se quedó. Hasta el más respetuoso con la diversidad cultural y las leyes de nuestros amigos se encogía de hombros y reía. «Bueno —reconocían todos—, la verdad es que le pega».

Ya que los hemos mencionado, un pequeño inciso sobre los canguros de la costa sur.

Como puede que sepas, aquí en el sur es habitual que se paseen por los jardines de la gente o los aparcamientos de la playa, a veces incluso por la playa misma. (Recuerdo una tarde que estaba haciendo surf con Angus en un rompiente al que se accedía tras una buena caminata por un sendero abrupto de unos dos kilómetros y medio. Cuando salía del agua, vi a un canguro jugándosela a un zorro al dar un salto hacia las olas. Aquello, por si no había caído hasta entonces, me hizo reflexionar sobre todo lo que ocurría allí fuera, en el *bush* australiano, que se extiende durante infinidad de kilómetros más allá de la línea del litoral).

Como puedes imaginar, teníamos perros capaces de lanzarse a por los canguros, pero también de aprender. Habían dejado de ser cachorros, obedecían. Reuben, como líder espiritual, diría: «Vale, entendido», y Archer lo seguiría como era debido. No sé cuánto costó, pero aún guardo el recuerdo de pasear con ellos sin correa por Pine Street o Bendalong Road, sin que les dirigieran ni una mirada a los canguros que los rodeaban... Hasta la fecha, con Frosty ocurre justo lo contrario; véase el comentario anterior acerca de las personalidades.

En muchos sentidos, Reuben y Archer eran unos animales magníficos, pero tenían unos instintos a los que no podían imponerse. Sí, les enseñé a dejar tranquilos a los canguros, pero no olvidemos a la zarigüeya, o la omnipresente amenaza de los casos anecdóticos. Además, suele ocurrir que es más fácil solucionar los grandes problemas, mientras que los pequeños te devoran por dentro como una marabunta, y Archer era un entusiasta de las hormigas. Para empezar, era un glotón, y para seguir, un instigador consumado.

Y entre ambas cualidades exhibía toda una gama de hábitos deplorables. Acosar, roer, robar. No es que lo hiciera a menudo, pero, cuando lo hacía, ponía todo su empeño. Si roía un libro, era tu libro favorito. (Todavía no le he perdonado lo del lomo de mi ejemplar de *Años salvajes*, esa magnífica autobiografía sobre el surf). El equipamiento deportivo —ese tipo de trastos que llevan bandas elásticas y asas de plástico duro— era capaz de roerlo de manera que, incluso después de repararlo con cinta adhesiva, se le soltaran las partes cuando menos te lo esperabas. El asa rebotaba contra las paredes y te golpeaba en la cara. Si volvía a hacer de las suyas en el parque y le daba un revolcón a algún pobre perro confiado, yo lo arrastraba a casa de inmediato y allí se quedaba mientras salía de nuevo con Reuben. Todo iba bien 364 días al año, pero que Dios te cogiera confesado el 365. Ese día era como el amigo que agita una lata de refresco y la abre en tu cara.

Para ser justos, por entonces tanto el uno como el otro tenían un historial bastante completo de fechorías y delitos menores. Por ejemplo, escarbar en el abono del jardín trasero y destrozar la bolsa. Dos hocicos llenos de fertilizante para césped no es lo más agradable del mundo y tampoco lo mejor para el tracto intestinal. Sin embargo, Archer era el ladrón más consumado de los dos. Tenía la habilidad y la motivación necesarias, además de la cantidad justa de astucia. Podía plantar sus formidables patas delanteras en la encimera de la cocina y zamparse cualquier cosa que alguien hubiera dejado allí. ¿Los restos de un bol de cereales? Rebañados en silencio. El bol ni siquiera se movía; lo dejaba tan limpio que a lo mejor Mika o yo pasábamos por allí y nos preguntábamos si estaba usado. En una sola ocasión se dejó un trocito de cereal empapado en el borde de la mesa, por lo que todos saltamos: «¡Ja, ja! ¡Archie, esta vez te hemos pillado!».

La lista era bastante larga.

Mantequilla dejada fuera para que se ablandara: vista y no vista.

Las dos últimas galletas de chocolate: birladas del paquete.

Un crujiente de manzana entero: desaparecido. Mika se detuvo en medio de la cocina preguntándose si lo había preparado siquiera. «¡Estaba aquí mismo! ¡Mira, no queda nada! Ni una miserable migaja. ¡Como si no hubiera existido!».

Aunque todo eso no fue nada.

Nada comparado con lo del capón.

En el momento en que escribo esto, mi familia está formada por dos vegetarianos y dos casi vegetarianos; es decir, comemos carne una o puede que dos veces al mes, y también cuando nos la ponen delante. Sin embargo, en abril de 2015 todos pertenecíamos aún a la segunda categoría y el plan para la comida del domingo de Pascua, a la que también estaban invitados Halina y Jacek, era un capón asado. Lo saqué del congelador el sábado por la mañana, lo dejé fuera para que se descongelara y salimos deprisa y corriendo, como era habitual, para llegar a las actividades deportivas de los niños. Por lo que sea, había desenvuelto el capón, que estaba en un plato en el fregadero...

Y ahí entra Archie.

Quizá Reuben fuera lo bastante listo para saber lo que el pollo crudo le haría a su organismo, pero es evidente que Archer no. Con esas patas y ese morro tan largos que tenía, debió de plantar las patas delanteras y atrapar el capón. Cuando llegamos a casa, encontramos el ave hecha trizas a bocados en el suelo de madera, como el cadáver de un balón de fútbol congelado. Archer se alejó trazando un círculo, culpable a más no poder. Su cara lo decía todo.

«No sé cómo habrá llegado ahí ese bicho, la verdad».

Hubo todo tipo de acusaciones y, mientras yo comprobaba qué podía recuperarse, él se escabulló como un niño que acaba de recibir una regañina.

—No estarás pensando en cocinar eso, ¿verdad? —dijo Mika.

Me conoce muy bien.

—Bueno, no se lo ha comido todo. Mañana no les digas nada a tus padres, ¿vale?

Tardó un momento en comprender que estaba bromeando.

Lo que ya no nos hizo tanta gracia fue lo que ocurrió esa misma tarde, y la mayor parte de la semana siguiente, gracias al delicado estómago de Archer. La primera evidencia fue la expulsión más macabra que se haya presenciado jamás en esta casa: una mitad en las tablas del suelo de mi despacho y la otra en la alfombra. Sí, esa alfombra había visto de todo, desde meados de gato a cagadas de perro o vómitos de niño, pero aquello no tenía nombre. Enseguida me ablandé.

—Ay, Arch, ¿estás bien, Socio?

Nunca lo había visto en ese estado, pobre.

Viajamos a la costa al día siguiente y, cuando comprobamos que la infección no se curaba sola, fuimos a ver a Carrie y a Matt, los excelentes veterinarios de Milton, a los que ya hemos visitado tres veces según mis últimos cálculos. La segunda fue para que le quitaran unos puntos a Reuben, y la última, cuando lo llevé corriendo una noche, preguntándome si tenía una garrapata que no lograba encontrarle, aunque resultó ser un cáncer que se abría paso en su cuerpo poco a poco. Hablaremos de eso más tarde.

Lo que nos lleva a la noche de los vándalos.

Una vez más, el escenario fue mi despacho.

Recuerdo que era un viernes por la tarde y que había niños en el jardín trasero jugando en la cama elástica, y padres en la cocina, bebiendo, seguramente por necesidad. Los perros estaban en mi despacho, en su Hilton putrefacto. Oíamos un jaleo constante, hasta que alguien dijo:

—¿Se están matando ahí arriba?

Mika me preguntó si quería ir a comprobarlo.

—Qué va. —Decidí que prefería vivir al límite—. Ya se arreglarán.

El jaleo duro otros cinco minutos; además, pensé que podíamos estar tranquilos, dado que no había mucho que pudieran destruir... En teoría. Había olvidado que acababan de entregarme un paquete con reimpresiones de *La ladrona de libros*. Seis ejemplares en una caja de cartón.

Más tarde, cuando todo el mundo se fue, subí al despacho y al abrir la puerta me encontré ante un campo nevado de libros y papel. Casi infotografiable, así fue la magnitud de su hazaña. Daba igual dónde miraras. Plástico de burbujas desgarrado, páginas diezmadas y mi detalle favorito de todos: en uno de los libros, a la foto del autor que aparecía en el interior de la cubierta le habían arrancado el cuero cabelludo desde las cejas. En otros, la habían hecho trizas, y con entusiasmo, por lo que parecía.

«¡Toma, chúpate esa!».

—Dios mío —musité en medio de aquel silencioso y escalofriante cataclismo.

Con las nimiedades, perdemos la cabeza. Con las cosas importantes, conservamos más o menos la calma. (Me enfadé muchísimo más con lo del rasguño de *Años salvajes*).

Durante un momento me limité a contemplar aquello, abatido, boquiabierto, pasmado ante esas criaturas del averno. Tan tranquilas entre los restos de la barbarie.

—Eeeh..., ¿Mika? —la llamé por fin—. ¿Quieres subir un momento?

Oí su voz en la escalera.

—No sé. ¿Quiero?

Los niños también subieron y juntos contemplamos la tormenta de nieve que se extendía ante nosotros.

—¡Mira tu foto! —dijo Mika riendo—. ¡Uno de los dos te ha arrancado la cabeza!

—¿Tienes que decirlo con tanta alegría?

Por extraño que parezca, atesoro ese recuerdo con mucho cariño por numerosas y variadas razones. Para empezar, nadie había acabado con una sobredosis, y tampoco tardaría mucho en limpiarlo. Pero en gran parte se debe a la imagen de ellos dos allí sentados, con las patas estiradas ante sí, y sobre todo Archer, como un príncipe en su reino de anarquía. O como Nerón en medio de una bacanal romana.

Y Reuben mirándome con severidad.

«A ver, ¿dónde narices estabas?».

Y luego Mika, evaluando los daños.

Miró a un perro, después al otro, y luego a mí antes de dar su acertado veredicto.

—Por lo visto, todo el mundo cree que vale para crítico, ¿eh?

Era la hora de darles de comer, así que salimos de la habitación, niños y perros incluidos, y cerré la puerta. A veces, al menos durante un tiempo, lo único que puedes hacer es dejarlo pasar. Hacer como que no ha ocurrido nada.

Los dos peores momentos, primera parte: Los perros que mordieron a la profesora de piano

El título lo dice todo.

Los acontecimientos desembocaron en eso.

Se produjo algo así como un incidente.

Antes, en los años previos a 2016 y 2017 (cuando tuvieron lugar los dos peores momentos), nuestra familia había ido decantándose poco a poco por comer menos carne, menos productos lácteos, y más por el vegetarianismo. Todo tenía que ver con los animales.

Al pensar en este tema me viene a la cabeza el adjetivo «peliagudo» y, como con casi cualquier otro asunto últimamente, parece que cada vez tomamos más partido. Quienes se posicionan en los extremos tienen muy claras las líneas de batalla:

Los carnívoros son unos salvajes sin corazón.

Los veganos son unos ofendiditos muy militantes.

Prometo no bombardearte con nada por el estilo; este libro no va de eso. Igual que tampoco es una guía sobre cómo adiestrar a tu perro —estamos a punto de meternos en «ataques a la profesora de piano», por el amor de Dios—, ni un manual de alimentación responsable. Para empezar: ¿cómo puedes defender los valores morales del vegetarianismo cuando a tus mascotas les das una dieta que consiste sobre todo en carne? Seguido de: ¿cuántos animales mueren para que un solo perro pueda seguir vivo toda su vida?

No dejan de surgir preguntas.

¿Puede un amante de los animales comer un filete?

¿Puede un vegano cargarse una cucaracha o celebrar la muerte de un mosquito? («¡Te pillé, cabroncete!»).

Sea como fuere, si lo tienes todo en cuenta —la ciudad, el campo, el sustento de la gente, el bienestar animal y el planeta—, no es fácil alimentar a tu familia, y menos aún a tus mascotas, con la conciencia tranquila. Al final, Mika y yo hemos encontrado un sensato punto medio de tranquilidad interior. Comprendemos que es difícil luchar contra el consumo de animales cuando a los tuyos les das de comer... animales y, bueno, algún que otro profesor de piano de vez en cuando. (He tardado mucho tiempo en verle el lado divertido, créeme. En realidad, no. Sigo sin vérselo). ¿Y no dicen que el camino al infierno está empedrado de buenas intenciones? Sin duda, estábamos a punto de descubrirlo.

Lo que nos lleva a nuestro momento.

Marzo de 2016.

Nuestros hijos iban a clases grupales de piano en la Australian Music School de Randwick, al otro lado del Centennial Park. Su profesora era la fabulosa Lindi, o «la señorita Lindi», si se quiere ser más profesional.

¿Qué puedo decir de Lindi? Era de esas profesoras únicas. Los niños la adoraban, los adultos la adoraban. Sobre todo cuando los niños eran todavía muy pequeños, los padres nos sentábamos en clase con ellos y la veíamos en acción. Con su pantalón negro, su camiseta de las AMS y unos increíbles tirabuzones castaño oscuro, Lindi era un dechado de generosidad y energía.

Tenía la risa fácil y reaccionaba con un asombro inagotable ante el sinfín de afirmaciones fantásticas y monólogos que no venían a cuento de los niños que se apiñaban alrededor de su piano.

—¡Franklin! —decía—. ¿Qué tienes ahí? Ah, ya veo, una nave espacial. —Debía de haber visto la maldita nave unas trescientas veces, pero siempre parecía la primera vez—. ¿Y tú qué, Julia? ¿Alguna novedad esta semana? ¿No? Vale, pues a trabajar.

Que era la otra gran característica de Lindi: lograba tener a los niños atentos. Pretendía conseguir algo de ellos y, si alguien fastidiaba en su clase, nunca duraba mucho. Como ya he dicho, no había ni un niño ni un padre que no la adorara. Siempre nos esforzábamos al máximo con las tarjetas y los regalos de fin de curso para ella.

Y entonces ocurrió lo que ocurrió.

Por suerte, tus perros no acorralan todos los días a una profesora de música carismática que también resulta ser la persona más maja del planeta Tierra. Créeme, con que pase una vez, ya es suficientemente malo. Es terrible. Aunque mucho más terrible fue para ella, desde luego.

Estoy convencido de que tuvieron suerte de seguir vivos después del incidente, porque hicieron que Lindi se encogiera de miedo, y uno de ellos la mordió. (Ni siquiera pienso suavizarlo diciendo que «la marcó»). Fue un momento duro para todos. He sentido la culpabilidad de no haber estado a la altura de mis responsabilidades muchas veces en la vida, pero ese día noté que se me revolvía el estómago y toqué fondo por completo. Fue una lluviosa mañana de lunes.

Volvía a casa después de una gira breve pero intensa por Estados Unidos en la que había presentado la edición del décimo aniversario de *La ladrona de libros*. Fueron diez ciudades en once días, en las dos costas y el Medio Oeste. Los lectores estuvieron magníficos —muy simpáticos y agradables—, pero el viaje resultó una pesadilla logística. Casi todos los vuelos se retrasaron, y todavía me asombra haber llegado a tiempo a todos los actos. Prácticamente siempre comía una única vez al día, y solía ser un desayuno de aeropuerto; gratificante, aunque no muy glamuroso. La gira concluyó en Miami, y ya solo me separaba de casa un vuelo de cinco horas a Los Ángeles y otro de dieciséis a Sídney. Pan comido.

Cuando vuelas a Sídney, esperas encontrarte con sol. Mi anécdota preferida sobre aterrizajes se remonta a una preciosa y soleada mañana de varios años antes. Iba sentado al lado de un matrimonio mayor de Cleveland que no hacía más que preguntarme dónde estaba el casino y si podrían ir a pie desde su hotel. La mujer era bastante seca y, cuando señalé la Ópera de Sídney por la ventanilla, soltó un: «Qué pequeña...», con su fuerte acento americano. No pude evitar reír. Me encantó.

Esa mañana de mediados de marzo de 2016, sin embargo, el día era intempestivo. No llovía, jarreaba. Cogí un taxi con esa comezón habitual en el corazón, la de cuando estás impaciente por volver a verlos a todos.

Entré por la puerta sobre las diez. Los niños estaban en el colegio. Fui a la cocina.

—Oye, tengo que decirte una cosa —anunció Mika unos tres segundos después de que dejara las bolsas en el suelo.

Gravedad instantánea entre ambos.

Sabía que no se trataba de nada bueno.

Como sabía que, sin lugar a dudas, tenía que ver con los perros.

Lo que solía pasar con Lindi era lo siguiente:

Primero, casi todos los niños que iban a piano en la AMS hacían una hora de clase grupal una vez a la semana y luego, otro día, media hora particular en una de las aulas más pequeñas de la escuela. En nuestro caso, sin embargo, Lindi venía a casa los lunes a las ocho de la mañana. (Una de sus hijas cursaba el programa acelerado en el colegio de Kitty y Noah, así que Lindi la dejaba allí y luego se pasaba por casa. O a veces su hija venía con ella).

Como sacábamos a Reuben y a Archer todos los días a primera hora, cuando Lindi llegaba los lunes yo ya estaba de vuelta en casa y los perros, fuera, en el jardín. Era una rutina tan infalible que le dijimos que podía entrar directamente al llegar... Y hete ahí el peligro acechante.

El día en cuestión, Mika sacó a los perros temprano y la lluvia empezó a caer con fuerza a medio paseo. Ella desistió, los llevó de vuelta a casa y los secó, por lo que ya estaban dentro sobre las siete menos cuarto. Volvería a sacarlos al cabo de una hora más o menos, así que por el momento los encerró en mi despacho.

Sin embargo, como suele ocurrir con los niños, hay veces que te dan la mañana, y ese día fue una de ellas. Cereales esparcidos por el suelo. Peleas y casi puñetazos. Frustración. Gritos. Lágrimas. Uniformes extraviados aun habiéndolos preparado la noche anterior.

—Pero, a ver, ¿cómo se las ha arreglado para desaparecer en estos cinco minutos? ¡Bueno, pues ponte otra cosa!

—¡No puedo! ¡Me castigarán!

—Vale, pues te escribiré una nota. Y ni se te ocurra llevar esos zapatos. Ve a por las botas de agua.

—No pienso ponerme botas de agua.

Etcétera, etcétera.

A las ocho, Mika seguía arriba lidiando con Noah cuando Lindi entró como siempre, seguramente más deprisa de lo normal para resguardarse de la lluvia, y dentro, a lo lejos: perros.

Y no unos perros cualesquiera.

Nuestros dos perros, los de cierta reputación.

Es como si los viera a cámara lenta, las patas, los torsos hinchados. Uno rubio y el otro castaño, la mirada encendida. Mandíbulas batientes a causa del ímpetu del movimiento. La violencia de los dientes que se aproximan.

Se lanzaron pasillo adelante con la fuerza de un volcán en erupción.

Cuando Mika oyó el grito, lo supo.

Bajó la escalera llamándolos a voces y se encontró a Lindi arrinconada cerca de la puerta de entrada, con los perros vigilándola. Madre mía, ¿te imaginas a Reuben? La viva imagen del terror, estoy seguro, decidido a desatar una barbarie sin paliativos. Ni a un metro de ella. Y luego Archer, con todo el pelo erizado, el lomo encrespado. Preparado. Preparado, listo...

Cuando Mika les ordenó que la dejaran, se alejaron de inmediato. Ya habían hecho su trabajo. Una persona había entrado en la casa y ellos la habían aterrorizado. La habían avisado debidamente de lo que pasaría si daba un solo paso más.

Mika los sacó al jardín enseguida.

Lindi dijo que estaba bien, y al principio mi mujer ni siquiera se dio cuenta de que la habían mordido. El mundo de la música no es para pusilánimes, créeme.

—Estoy bien —insistió la mujer de nuevo—, estoy perfectamente.

Hablaba la conmoción, desde luego, porque de hecho Lindi no estaba ni mucho menos bien. Se acercó a nuestro barato teclado electrónico mientras Mika volvía a preguntarle si los perros le habían hecho algo, y Kitty, que por entonces tenía nueve años, gritó:

—¡Ay, no, otra vez no!

Sí, has leído bien.

No son las palabras que quieres oír en boca de tu hija cuando tus perros han olvidado sus modales de la peor manera posible. Se refería, por lo visto, a la idea general de que las cosas podían torcerse con nuestros perros, no a ningún ataque en concreto.

En cuanto a Lindi, tuvo que ser la adrenalina.

Se tambaleaba, todo le daba vueltas por dentro.

—Estoy bien —seguía diciendo—, estoy bien, son cosas que pasan.

Estaba empeñada en dar su clase, así que la verdad no salió a relucir por completo hasta después, cuando se marchaba..., con una herida bajo la camiseta. Uno de los perros, en efecto, la había mordido al cargar contra ella. Solo que no sabía cuál de los dos.

Mientras Mika seguía preguntándole, preocupada, dispuesta a aceptar cualquier posible consecuencia, Lindi insistía: no pasaba nada. (De nuevo, alguien de su generosidad solo desea facilitar las cosas).

Aquella mañana, sin embargo, nada fue fácil.

El castigo llega de formas diversas, y mi primer punto del orden del día fue realizar la llamada. No recuerdo si abrí la puerta de mi despacho (donde habían trasladado a los perros, ya que fuera llovía a cántaros), pero creo que no llegué a hacerlo.

Lo que sí recuerdo es entrar en el dormitorio —el mismo lugar desde el que Mika, en su día, exclamó: «¡Oye, creo que he encontrado un perro para nosotros!»— y dejar la bolsa encima de la cama. Hundí una rodilla en las costillas del colchón, luego miré el móvil y marqué. Qué severo suena ese tono cuando temes que respondan. A veces es un auténtico toque de difuntos, o como esa última frase de *Las nieves del Kilimanjaro*, cuando la mujer no oye el lejano aullido de la hiena de lo fuerte que le late el corazón.

Lindi contestó al teléfono.

Se me encogió el estómago hasta casi desaparecer, retorcido por la fuerza de la ineptitud, por la culpa y la pena, la responsabilidad... Eso solo por mencionar unos cuantos sentimientos.

Su voz sonaba como desde muy lejos.

Cerré los ojos con fuerza al oírla.

—¿Diga?

Los dos peores momentos, conclusión: Bárbaros en la escalera

Fuera, la lluvia huracanada.

Mis nudillos alrededor del móvil.

Lindi se mostró muy cortés y aceptó mis continuas disculpas, así como nuestro ofrecimiento de pagarle la factura del médico. (Lo sé, no suena muy bien). Lo más preocupante fue que acabó necesitando dos puntos en la articulación del codo. Eso siempre aumenta el riesgo. Los puntos hacen que parezca más real y más... sanguinario.

Cuando preguntó si los perros habían hecho antes algo parecido —por la exclamación de Kitty, más que nada—, le dije que sin duda se movían en ese espectro, pero que nunca habían mordido a nadie. Le describí cómo los educábamos, cuánto los queríamos y los cuidábamos, que eran perros de perrera a los que habíamos acogido, que los habíamos salvado del corredor de la muerte... Ya sabes, cargando las tintas a base de bien. Al fin y al cabo, aquello era un asunto de vida o muerte. Porque sus vidas estaban en juego. Era debatible si merecían seguir viviendo, pero preferí no arriesgarme.

Antes de decir nada más, valoré el precio del corazón de un niño, que al principio fue el corazón de Kitty. Reuben, sobre todo, era como un hermano para ella, y sacrificarlo me resultaba inconcebible. Pero luego también estaba Noah; esos dos perros precedían a sus primeros recuerdos. Sus vidas estaban intrínsecamente unidas a la de él. Los sacaba a pasear y a veces les daba de comer. Cuando le contábamos cuentos para dormir, a menudo había allí un perro prestando tanta atención como él, tumbado en el suelo a su lado. No quiero decir que algo así habría destrozado a mis hijos, porque a menudo subestimamos la resiliencia de los niños, pero ponerla a prueba en aquel momento casi parecía demasiado cruel. Debía evitarlo a toda costa.

Dicho eso, tragué saliva y mostré diversas facetas de la naturaleza humana. Fui estoico y cobarde al mismo tiempo, además de calculador en el peor de los sentidos.

—Lindi, entiendo a la perfección que necesites hablar de esto con alguien. Si quieres denunciarlo a la policía, no te culpo. Lo entiendo de verdad. —(Sabía muy bien que esa clase de incidentes se denuncian al ayuntamiento, no a la policía. A menos que el ataque sea tan grave que se considere un delito, son los ayuntamientos los que ordenan sacrificar a los perros o inscribirlos en alguna ignominiosa lista de animales bajo vigilancia. Algo así como un «Registro de Animales Peligrosos»)—. Haz lo que tengas que hacer —dije—. En serio.

—Ay, Markus, no... De verdad que estoy bien —repuso ella—. Tú sigue con tus cosas, por favor. Nos veremos el jueves en clase.

Justo antes de colgar, le prometí que volvería a llamarla el miércoles para ver cómo iba. Por entonces ya se le habría pasado la conmoción y habría tenido tiempo de pensárselo. Y eso nos daría a nosotros una idea de si el jueves era mejor no acercarnos por allí o pasarnos a ver si, literalmente, habíamos dado en la tecla.

El miércoles sería la verdadera hora de la verdad.

Lo tenía muy claro.

Los días siguientes no dejó de llover a mares.

El tiempo acompañaba al estado de ánimo.

Sacaba a pasear a los perros bajo la lluvia sin dejar de vigilar cada uno de sus movimientos ni de observar sus dudosos atributos: el pelaje descuidado de Reuben, el oro granulado de sus ojos. También el aire virtuoso de Archer, que escondía al villano que llevaba dentro.

Paseamos por los bosques del parque, por el barro. Sus patas hollaban la hierba y los bordes del camino. Se percibía una oscuridad agorera, como de condena a la horca y de justicia. Zapatos, piernas, patas, morros. Todo estaba empapado y se nos pegaba al cuerpo. El cielo estaba encapotado de culpa.

El miércoles al mediodía hice la llamada.

Como sospechaba, Lindi había tenido tiempo de asimilar por completo lo que había ocurrido y, peor aún, lo que podría haber ocurrido. Me explicó que había entrado en nuestra casa con su hija un par de veces y que, solo con pensar en cómo la habían acorralado los perros, de pronto lo veía todo de una forma muy distinta. Además de eso, tenía que pensar en el futuro. Una persona de natural amable como Lindi siempre se preocupa por lo que pueda sucederles a los demás. Ella no se sentía agraviada, pero ¿y si lo dejaba pasar y en algún momento ocurría algo horrible, quizá no a otra persona, sino al hijo de otra persona? ¿Cómo podría seguir mirándose en el espejo?

Volví a decirle que, si creía necesario ponerse en contacto con las autoridades, lo hiciera. Esta vez incluso mencioné al temido ayuntamiento y, el jueves por la tarde, cuando regresamos a sus clases (insistió en que fuéramos), primero Noah a las tres y media y luego Kitty a las cinco y media, entré como si me dirigiera a una ejecución. Sobre todo al verle el brazo con el codo vendado. Cuando terminó la hora de Noah, Lindi me sonrió.

—¡Eh, deja de poner esa cara tan triste! —exclamó—. Todo irá bien.

«Increíble —pensé—. ¡Ya lo ha superado!».

Hay que conocer el caos que reina allí entre clase y clase para comprender que la conversación duró diez segundos. No fue hasta después de la hora de Kitty, que era la última de la tarde y terminaba a las seis y media, cuando por fin pudimos hablar largo y tendido. Lindi me transmitió que, aunque los perros le habían dado un susto de muerte y se habían lanzado a por ella sin piedad, también se habían contenido. Sin decirlo, estaba depositando fe en lo que pensaba de nosotros como humanos.

¿Una insensata, dices?

Es probable.

Y no porque yo crea que somos unas personas horribles, sino más bien porque no podemos controlar todas las circunstancias. Sea como fuere, sentí un alivio enorme y, más aún, una gratitud inconmensurable. Todavía la siento ahora, casi ocho años después.

Como última muestra de agradecimiento, y sin entrar en más detalles, le escribimos tarjetas y le entregamos regalos, aunque las heridas tardarían todavía un tiempo en cerrarse. Los primeros meses fueron complicados, sobre todo porque tuvimos que hacer frente a las voces y los susurros que oíamos más que nada en nuestro interior.

«Esos son los de los perros violentos que atacaron a Lindi...».

«¿Cómo no han sacrificado a esos animales?».

«Pues porque Lindi es una santa, por eso...».

Y más por el estilo.

El unido grupo de padres de la clase de Kitty, con quienes había entablado amistad, ayudó mucho. Incluido Andy, el cuñado de Lindi. En cierto momento llamó para decirme que, claro, lo que había ocurrido era horrible, pero tampoco es que fuera el fin del mundo. Psicólogo infantil y cómico salido del armario (se cree tronchante), me soltó a lo bruto algo así como: «Sinceramente, Lindi es una persona tan insoportable que se lo estaba buscando desde hace tiempo». Me estaba llamando desde las Montañas Azules, durante una salida familiar de fin de semana, y quiso hacerme reír. Lo consiguió. ¿Qué puedo decir? A veces las personas son maravillosas.

Como epílogo, ahora Lindi y su familia tienen un perro que se llama Hamilton. Y sí, es un Cavoodle, pero Lindi puede tener el perro que ella quiera, caray, ¡y un Cavoodle está genial!

También tengo la sensación de que el tiempo consiguió reconciliarnos por completo. El verano pasado, Kitty volvió a casa de la playa y nos dijo que se había encontrado a Lindi y que se habían dado un abrazo enorme. Hace ya varios años que Kitty no va a clase de piano, y más aún desde ya sabes qué con los perros. Tuvimos suerte. Tenemos suerte, gracias a personas como Lindi.

Lo cual nos deja otro horrible incidente más, y no pienso andarme con rodeos. Iré directo al grano.

Esta vez pasó un año y medio.

Y sin ningún incidente, ni riñas ni rasguños.

Fue una época en que, aunque la mala reputación pendía sobre nosotros como una espada de Damocles, la vida y la buena voluntad continuaron.

En junio de 2017 empezamos a reformar la casa y, para que los obreros pudieran trabajar, nos trasladamos a un adosado que quedaba cerca. Se encontraba al final de Woods Avenue, en un pequeño callejón sin salida al que desde entonces llamamos solo «Woods».

Woods era un complejo extraño y venido a menos, con edificios de tres plantas y al que se entraba por una verja desvencijada que cerraba solo a medias, y eso si conseguías cerrarla. (Aún sigue igual; la veo cuando paso por delante paseando a Frost). Para ser de alquiler, era perfecto. Los dueños aceptaban mascotas y estaba tan deteriorado que peor no podíamos dejarlo. Teníamos un pequeño patio con parterres de hierba donde daba el sol, y la paleta de colores era moqueta gris y baldosas de terracota. Me recordaba a las instalaciones de los institutos a los que habíamos ido Mika y yo: ladrillos fríos, escaleras empinadas. Barandillas verde botella.

Puesto que a los gatos les cuesta cambiar de casa mucho más que a los perros, acordonamos la cocina y las zonas del comedor y el patio especialmente para Bijoux y Brutus. Allí podían tomar el sol y descansar de Reuben y Archer, tanto dentro como fuera de casa, porque esos dos seguían acorralando a Brutus de vez en cuando. Bijoux era el matón de barrio de siempre, pero un entorno nuevo podía cambiar las cosas. Decidimos no arriesgarnos, al menos al principio. De todas formas, sacábamos a los perros un mínimo de dos veces al día, y el resto del tiempo solían quedarse en mi despacho. En realidad, no necesitaban un jardín; además, la distribución extraña de aquella casa les permitía utilizar también otros balcones. Enseguida vimos que los gatos pasaban la mayor parte del día en la cocina color cobre, al sol, con un lavavajillas que sonaba como un lanzacohetes. Se convirtió en una regla de la casa. «Los gatos abajo, los perros arriba».

Y entonces llegó la primavera.

De nuevo, yo estaba de viaje desde hacía algo más de una semana.

(Antes de escribir este capítulo, hablé con Mika.

—El primer incidente tuvo lugar mientras yo estaba fuera, y ahora este también... —le dije—. No quiero que la gente crea que te culpo de que las cosas fueran mal cuando yo no estaba en casa. O, peor, que crean que eres una inútil.

Se echó a reír.

—Bueno, el libro se titula *Tres perros salvajes (y la verdad)*, ¿no? Mientras no estabas ocurrieron dos cosas malas. Hubo decenas de viajes más en los que todo fue bien. Eso por no hablar de la cantidad de cosas horribles que sucedieron estando tú aquí. Tú cuéntalo tal como fue.

Así que eso haré).

En primer lugar, Mika no tuvo la culpa.

A veces, como suele decirse, las cosas vienen como vienen, y en esa ocasión todo vino por un animal muy concreto, un figura, una personalidad indomable. Y no fue un perro díscolo.

¿Qué puedo decir, aparte de «Bijoux»?

Me encontraba en otra gira de presentaciones por Estados Unidos a la que se sumaron uno o dos días revisando las correcciones de *El puente de Clay,* finiquitado al fin.

Una mañana temprano me sonó el móvil, pero no lo oí. Al despertar, escuché el mensaje casi histérico que me había dejado Kitty. Lo único que decía era que quería hablar conmigo. Le envié un mensaje a Mika, y ella me aseguró que todo iba bien y que podía esperar.

Unos días después, llegué a casa.

De nuevo, era por la mañana, pero esta vez hacía un sol de justicia.

Crucé la cocina de Woods, salí a la hierba del patio y Mika pronunció unas palabras inmortales:

—Será mejor que te sientes.

Cerré los ojos.

«Ya estamos otra vez».

Había sillas de exterior de IKEA pintadas de negro y el patio estaba medio en sombra. Me senté en el mismísimo centro de la zona oscura. Noté el metal frío en las piernas.

—¿Qué han hecho esta vez? —pregunté, cada palabra era una bocanada de temor.

Ya sabes a quiénes me refería con ese plural... Mika me lo soltó sin rodeos. De pie a mi derecha, simplemente dijo:

—Los perros han matado a Bijoux.

Tal cual.

En fin, imagina lo que se siente. Tú, que estabas ahí sentado, pensando: «Caray, qué fría está esta silla», y de pronto te cae encima algo así.

—¿Qué? —Levanté la mirada con brusquedad—. ¿¿¿Cómo???

La llamada de unos días antes, a una hora intempestiva de la mañana, cobró sentido al instante. No era una niña de once años que acababa de discutir con su madre; era una niña que acababa de presenciar el asesinato de un gato a manos de sus propios perros. Y, al igual que aquella otra mañana con Lindi, no sabía exactamente cuál de los dos había sido.

Verás, Bijoux había codiciado la casa entera para sí desde que nos mudamos. No se contentaba con un mísero distrito consistente en cocina y patio. Ah no, él lo quería todo. No hacía más que asomar la cabeza por la puerta, cerca de la escalera, donde la zona del comedor limitaba con la de los perros... Y un domingo por la mañana, cuando Mika y los niños llegaban a casa del partido de fútbol australiano de Noah, Kitty abrió esa puerta y Bijoux aprovechó la oportunidad.

Saltó hacia delante y subió las cerradas curvas de la escalera. Los perros estaban bajando. Debieron de toparse por sorpresa, ninguno sabía quién era quién y... ¡PAM!, un golpe, y listo. Habían alcanzado un punto crítico de presión.

El gato cayó muerto al instante.

Mi imaginación visualiza a ese animal, duro pero apuesto, abatido en el descansillo. Están a media escalera: gato, moqueta desgastada y perros. La niña es flaca y rubia, lleva las espinillas llenas de magulladuras que se ha hecho en el parque, el pelo recogido en trenzas despeinadas. Su rostro está arrasado; devastación instantánea. Los gritos resuenan por toda la casa. Los perros retroceden de inmediato.

Por lo que me dijo Mika, es evidente que Reuben y Archer pensaron que Bijoux era un intruso, pero, en cuanto todo acabó y lo reconocieron, se quedaron de piedra, atónitos. Sus rostros expresaban estupefacción y remordimiento, o lo que yo suelo describir como una mirada de «Ay, mierda». De esa no se iban a librar, eso estaba claro.

Me quedé ahí sentado, sosteniéndome la cabeza con las manos mientras escuchaba la terrible aunque nada sorprendente concatenación de acontecimientos: nuestra casa, un mundo del hampa animal. Aunque en ningún momento dudé de que fuera cierto, no pude contenerme y pregunté como un idiota:

—¿Lo han matado?

—Lo han matado.

Mika no suavizó la información, nada de paños calientes.

Me presentó la realidad pura y dura, a bocajarro.

Era un hecho.

Nuestros perros habían matado a nuestro gato.

Intenté darme un momento para asimilar aquello, abominable y absurdo como era. Por fin habíamos tocado fondo, el más profundo y oscuro, y no solo parecía del todo plausible, sino en cierto modo también inevitable. La fría y dura silla de IKEA me conectaba con una verdad de la que siempre había sido consciente, cada vez más a medida que pasaban los años. Algo así solo podía sucedernos a nosotros.

En cuanto a Bijoux, sé lo que estarás pensando: que era un animal tan desafiante que quizá se lo había buscado él solito. Bueno, sí, pero deja que te diga una cosa. Convivir con sus groserías, sus ataques ninja y todos esos maullidos déspotas durante catorce años era una cosa; el asesinato, otra muy diferente. Sin duda viviríamos mucho más tranquilos a partir de entonces, pero eso no significaba que quisiera verlo muerto. Y menos aún que muriera de esa forma.

¿O sí?

Tanto desde una perspectiva realista como romántica, fue perfecto. Más que ninguno de nosotros, Bijoux fue un guerrero. Estaba hecho a la medida del Valhalla. Seguramente esa era la única forma en la que debía caer, a hierro, aunque habría preferido que fuera un hierro desconocido. Que el verdugo fuera uno de los nuestros resultó lo más difícil de digerir. No sé, ¿no podría haberse peleado con un maldito Pitbull en un callejón oscuro y punto?

Pero no.

Ese no era el estilo de Bijoux.

No resultaba lo bastante grandioso.

No era merecedor de toda una historia.

Él tenía que acabar de una forma sonada, y nada más sonado que algo así.

Mientras iba asimilando la información y preguntaba cómo estaban Kitty y Noah, y qué había hecho Mika con el cadáver (se decidió por una cremación en grupo), reconozco que pensé algo más: también sentí un ligero alivio. Al menos esta vez no había víctimas humanas. No teníamos que plantearnos la inyección final ni temer la amenaza de una denuncia. Pese a todo, ¿cuánto más podíamos seguir así?

Durante semanas, no fui capaz de mirar a los perros de la misma manera cuando se me acercaban, tan cariñosos como avergonzados. Existe toda clase de teorías sobre el alcance de la memoria de los perros, pero, créeme, sabían lo que habían hecho.

También es extraño cómo reacciona cada uno a ese tipo de acontecimientos, y en mi caso, en parte, lo único que sentí fue decepción. Ya no podía seguir diciéndole a la gente que teníamos dos niños, dos gatos y dos perros, y que los niños eran los más fáciles de llevar. Habíamos perdido a Bijoux, el gato guerrero, y, hasta ahora, que he escrito sobre ello, solo lo sabían unas pocas personas. Ni siquiera a Paul, nuestro veterinario, le contamos los detalles. Cada vez que miraba a esa jauría de dos, ellos me devolvían la mirada como diciendo: «Lo sabemos, y lo sentimos». Aunque es cierto que eran un par de animales salvajes, ninguno de ellos podía compararse a Bijoux. Él fue el miembro más ruin de la familia, el más retorcido y el que se ganó el mayor respeto. He intentado redactar un epitafio para él en numerosas ocasiones, pero nunca consigo superar este. Le abrió la puerta de nuestro hogar a la muerte de la única forma que pudo.

BÁRBARO HASTA EL FINAL.

Cuarta parte

Los ladrones de cuerpos

Dos instantáneas caninas

Avance rápido.
Dos instantáneas.

La primera es del 8 de agosto de 2019, cerca de las cuatro de la madrugada. El cielo está oscuro y la ciudad tranquila, las farolas pasan volando. Acelero por la Eastern Distributor gritando y con un perro que agoniza en la parte de atrás del coche. Lleva demasiado tiempo resollando a causa de un choque tóxico y, en un silencio repentino y una quietud que parece indicar el final, veo el semáforo del desvío que tengo que tomar y sé que ha dejado de respirar.

Miro por el retrovisor y, entre el ruido de todos los demás ruidos —el motor reducido a una niebla—, grito. Le rujo al cuerpo tendido a mi espalda, me inclino hacia él sin dejar de conducir con brusquedad. El desvío ha quedado atrás, me lo he pasado.

—¡REUBEN! ¡REUBEN, NO! ¡NO TE ME MUERAS, NO VAYAS A MORIRTE AHORA! ¡NO TE ME MUERAS, CABRONAZO!

Él despierta con un suspiro brusco, el elemento sorpresa, y todo lo que ocurre en este terrible aquí y ahora resume bastante bien nuestros diez años de relación:

Yo gritándole a Reuben y él ahí tumbado, seguramente pensando: «Joder, es que no puedo ni morirme en paz».

Luego, la segunda, del 19 de abril de 2021.

La mesa de la cocina y la hora de la cena.

Acabamos de cenar cuando nos llega el mensaje de Paul. Hemos quedado en que me escribiría cuando tuviera los resultados del análisis de sangre (puede que a ambos nos diera miedo una llamada), y ya han llegado. El mensaje dice que han descubierto lo que le pasa a Archer. Se trata de una leucemia rara y rapidísima. Tiene muchas complicaciones y va a morir. Las palabras de Paul destilan tristeza y preocupación: «Tenedlo cerca esta noche».

Recojo mi plato y me acerco a la encimera. Ante mí tengo una gran ventana vertical y el anochecer entra por ella. Es esa última luz perfecta, esa calidez que se cuela entre los árboles y se pega al cristal.

—¿Te ha dicho algo Paul? —pregunta Mika.

Asiento, y en ese momento ocurre. Tengo una de esas fantasías que todos visualizamos en ocasiones. Lo único en lo que puedo pensar es en el plato que llevo en la mano, en lanzarlo por la ventana; la emoción de los cristales rotos.

Puede que una media hora después, estoy en la ducha y el agua me está dando una paliza. Me encuentro atrapado en una estampida silenciosa.

Aguanto el aguacero y lloro.

El perro que se desplomó en la oscuridad

Lo creas o no, tras la caída de Bijoux en la primavera de 2017, nada ocurrió durante cerca de dos años. Nuestros perros se volvieron angelicales. (Cosa que, vale, en nuestro caso se traduce en que no hubo peleas, asesinatos ni agresiones con violencia e intimidación). Fue como tener mascotas normales.

Curiosamente, estaban hechos para esa parte de sus vidas. Sí, las mejores historias surgen de la alteración del curso del mundo, pero la belleza de la estabilidad era extraordinaria. Hubo mañanas magníficas en el parque. Carreras épicas en las playas del sur, en todo su extenuante explendor, sobre todo en un tramo agreste que conocíamos bien, con acantilados, desniveles y charcas de marea. Hay una playa que es como una pista para correr y en la que nunca ves ni un alma. Solo nosotros y el agua en estado puro. Olas y marea, arena y salientes. Salpicaduras embravecidas, espuma blanca como una tarta nupcial. Reuben venía como una flecha hacia mí, riendo, con la lengua fuera como la manecilla suelta de un reloj. Archie nos rodeaba y metía la cabeza entre el hueco de mis piernas. Todavía siento el pelo mojado de su cabeza de perro, veo el amor y la confianza en sus ojos. Huelo ese olor. Hay veces que aún froto el pulgar contra los otros dedos y noto la sal y la suciedad de ese perro. No hay nada comparable. De entre las profundidades de las llamas del infierno que solíamos habitar, como con lo de Bijoux y el chaparrón del piano, también surgían esos perros que no conocía nadie. Quizá no fueran mañanas y tardes de esplendor, pero sí llegaban a buenas.

Y quizá me atrevería a decir que llenas de amor.

Y de su amor envuelto en el mío.

Quise muchísimo a esos perros, algo que sentía correspondido con creces a diario.

Hacia octubre de 2018, unos capítulos se iniciaron y otros acabaron.

Dejamos Woods y volvimos a nuestra casa.

Kitty estaba terminando primaria.

Por fin se publicó *El puente de Clay*, y fue la constatación de que las cosas no siempre salen como uno había previsto. Llevaba trece años luchando para ganar el campeonato mundial de mí mismo con ese libro y se notó. Así como *La ladrona de libros* había supuesto un esfuerzo inmenso que parecía no haber requerido ninguno, *El puente de Clay* exigía dedicación al lector. Sí, era lo que necesitaban Clay, mi protagonista, y su batalla, enorme y hermosa, pero quizá no lo que necesitaba todo el mundo. Esa novela es mucho mejor que *La ladrona de libros* en bastantes sentidos, y la gente a la que le encanta es especial para mí. Cuando hablamos de él tras una charla en una librería o una biblioteca, suelo decir que no es un libro para flojos, y compartimos una sonrisa de complicidad. Eso no significa que lo considere tremendamente arduo (¡no es el *Ulises* de Joyce, por el amor de Dios!), pero es distinto, es muy suyo... Y una vez más cabe recordar que los libros, como los perros, no nos deben nada. Vale la pena ya solo haberlo escrito.

Durante los últimos tres meses de 2018 hice tres giras de presentación: en Estados Unidos, en Gran Bretaña y aquí, en Australia.

En 2019 iría a India, Taiwán, Nueva Zelanda, dos veces a Gran Bretaña, otras dos más a Estados Unidos, luego a China, Hong Kong y México. También acudiría a festivales, desde Perth hasta Byron Bay y Sídney. Básicamente me pasé el año viajando, y pagaría por la huella de carbono.

Ese fue el año en que lo perdimos.

A principios de 2019, durante las vacaciones de verano, hubo un canto de cisne del que nadie se percató. Un especial de Kitty y Reuben.

Estábamos en la costa sur y empezaba a oscurecer en Washerwomans Beach. Teníamos las sombras de los eucaliptos detrás, pero el sol caía en cortinas sobre el agua. Kitty encontró una pelota de tenis abandonada. Un poco antes, Archer se las había ingeniado para cargar contra otro perro (vale, no eran unos ángeles todo el tiempo) y se había ganado el primer puesto en la lista negra, lo que significaba que estaba allí sentado, castigado exactamente a un metro de mis pies, sin mover un músculo. Pobre, en realidad tampoco había sido para tanto, pero, como siempre, era esencial vigilarlo. No le quedó más remedio que quedarse allí, mirando cómo Reuben y Kitty se lo pasaban en grande en el agua, disfrutando de empujones, risas y gritos. Todavía veo las zancadas de esas piernas, esas rodillas asomando fuera del mar, tanto de una como del otro. Quizá estaba destinado a ser así, para darles a Reuben y a Kitty un último y tenue recuerdo del año en que él finalmente claudicaría. Bañaron la playa y el agua de luz tanto como el sol al esconderse.

Ese año, los meses se perderían en el horizonte como aviones descendiendo por el cielo. La certeza llegó en julio, de nuevo en la costa, cuando me encontraba allí con los perros. Había ido a pasar unos días para hacer unas cuantas reparaciones. En cuestión de horas, Reuben empezó a mostrarse apático y débil, de pronto sus patas parecían frágiles, como si no pudieran aguantar su peso. Ni siquiera quería caminar por la calle.

Dado que no había habido otras señales de malestar, lo primero que a uno le viene a la cabeza siempre son las garrapatas. Lo examiné. Nada. Pero no son fáciles de encontrar, y a veces aparecen en los lugares más impensables. Así que volví a revisarlo de nuevo y, de nuevo, nada, pero Reuben iba empeorando a medida que anochecía. Decidí llamar al veterinario, a ver si allí eran capaces de dar con ella.

Lo llevé a Milton y no le encontraron nada indeseable. Ni garrapatas ni ningún otro parásito. Chloe, una veterinaria joven del equipo de Matt y Carrie, lo examinó y comentó: «Ay, amigo, no lo estás pasando bien, ¿verdad?». Reuben, que por lo general era muy orgulloso, ladeó la cabeza sin saber qué decir; no había mucho más que pudiéramos hacer. Vigilarlo, que le hicieran pruebas cuando volviéramos a casa y rezar para que no fuera nada. Entre otras cosas, Chloe valoró la posibilidad de que se tratara de un cáncer. Pero, para mí, eso era imposible. Al fin y al cabo, hablábamos de Reuben; era indestructible. Estaba a punto de cumplir diez años, ni siquiera era tan viejo. Al menos para nosotros.

Una vez en casa, cuando le hicieron pruebas, todas dieron negativo, pero si algo he aprendido con nuestros animales —y sobre los profundos y oscuros misterios de los análisis de sangre—, es que hay secretos que tardan en descubrirse.

A principios de agosto fui al festival literario de Byron, pero escribía a casa a diario preguntando por Reuben. Había mejorado en el último mes y creíamos que casi estaba recuperado del todo.

Pocas noches después de mi regreso, sobre las dos o las tres de la mañana, algo nos despertó a Mika y a mí. Se oía un eco. Un gimoteo en la oscuridad, al que siguió un golpe sordo contra el suelo.

Desde que habíamos dejado Woods y vuelto a casa, algunas cosas habían cambiado y otras no. Los perros seguían durmiendo en mi despacho, en sus camas dispuestas en diagonal, cada una en una esquina, pero el despacho lo habíamos trasladado al final del pasillo, más cerca de la escalera.

Cuando oímos el ruido, saltamos de la cama a la vez. Fuimos corriendo a esa habitación y le dimos al interruptor.

Bajo la luz amarillenta, lo vimos.

Allí, en mitad de mi despacho, Reuben estaba espatarrado sobre las tablas del suelo. Como si le hubieran puesto la zancadilla. Miraba a todas partes con los ojos desorbitados y jadeaba. Frente a él, Archer contemplaba la escena sentado, inclinado hacia delante. ¿Qué otra cosa podía hacer?

Recuerdo nuestras voces, temblorosas.

—Reuby, no.

Y:

—No pasa nada, Reub, ya estoy aquí.

Pero quien ya no estaba allí era él.

Nos engañábamos.

Durante mucho tiempo, mucho más de lo que hubiéramos debido, estuvimos decidiendo qué hacer. Mika se sentó con él y puso la cabeza del perro en su regazo. Le acarició la cara con la palma en esos belfos negros y relucientes. Lo único que podía hacer Reuben era jadear. Se moría ante nuestros ojos.

Dado nuestro historial veterinario, sé dónde se encuentran todas las clínicas. El lugar donde operaron a Reuben de la rodilla también atendía urgencias, estaba abierto las veinticuatro horas del día, y sabía que se habían trasladado a Rosebery. Llamé mientras Mika seguía sentada con él.

La mujer que respondió lo hizo con bastante desgana. No me inspiró mucha confianza, así que Mika y yo debatimos si no sería mejor esperar a llevárselo a Paul. Una opción cada vez más impensable a cada minuto que pasaba. Aún faltaban cinco horas para que abriera y Reuben no aguantaría. Quise bajarlo en brazos por la escalera, pero Mika propuso que lo deslizáramos con suavidad por los escalones sobre un cojín de espuma, y eso fue lo que hicimos.

Nos quedamos un rato sentados en la puerta de casa. La del garaje se encontraba a la izquierda. El coche estaba listo. Asientos abatidos, camas y mantas de los perros en la parte de atrás.

Mika:

—Hay que decírselo a los niños.

Apoyé la espalda contra la pared con los ojos cerrados. No había elección.

Fui a buscar a Kitty primero, pero ¿qué iba a decirle? Al final, fue algo simple y directo.

—Eh, peque. —La zarandeé con suavidad—. Kitty... —Se despertó, sabiendo que algo iba mal, y se lo confirmé—. Es Reuben —dije—, puede que esté muriéndose. Tienes que bajar y despedirte de él.

Escribir sobre esto me parte el alma, de verdad, igual que las correcciones, cada una de las veces. Noto la sal asomando en mis lacrimales. Veo la sombra silenciosa de Kitty en la oscuridad, moviéndose por la casa, abriéndose paso hasta su perro. Si Reuben era de alguien, era de Kitty.

Luego, Noah.

Fue él quien no pudo controlarse. Estaba completamente desconsolado. ¿Conoces ese gemido que precede al llanto de un niño? Ese aliento casi inaudible que trata de asir algo inasible, eso y el mundo desmoronándose en su interior. Como padre, cuando te encuentras en el otro extremo de ese aliento, descubres el significado de la impotencia. Lo sientes en tu pecho. Es el sonido de la pérdida, irrecuperable.

Bajamos y fuimos hasta donde Mika y Kitty estaban sentadas con él. Hay cosas terribles y poéticas en nuestras vidas, y a menudo son lo mismo.

Los niños recién levantados son hermosos.

Los perros que se hunden son trágicos y bellos.

Lo abrazaron en la luz somnolienta.

Todo el mundo lloraba.

Lo cogí en brazos sin demorarme mucho.

Lo llevé al garaje.

Lo metí en el coche por la puerta del maletero.

Se tumbó como solía hacerlo durante los viajes al sur y a otros lugares, aunque esta vez iba él solo, sin Archer, y puede que no volviera a casa.

Aun así, la esperanza es lo último que se pierde.

Me abrí camino entre las calles desiertas.

Llegamos a la autopista, la Eastern Distributor.

Sabía dónde iba, pero solo vagamente, y cerca de la salida de Dacey Avenue el perro que iba detrás dejó de respirar. Las farolas golpeaban el parabrisas y desaparecían, como si las arrancaran. Una tras otra.

—¡REUBEN! ¡NO TE MUERAS, CABRONAZO!

Ya he hablado sobre la sensación. El aturdimiento. El coche era una cueva en movimiento, o la cavidad de la ballena de Jonás. Ahora lo veo como si ahí fuera hubiera acechado un mundo vasto y desalmado, y nosotros dos hubiéramos quedado confinados, esa bestia lobuna de perro y yo, cogidos por sorpresa en la oscuridad de un coche. «Está muerto —pensé—. ¿Lo está? Ha dejado de respirar».

—¡REUBEN! ¡NO TE ME MUERAS!

Pero no estaba muerto, aún no.

O sí, y había vuelto a la vida —lo oí inhalar un aire precioso—, y continuamos a través de la noche. Cinco minutos después, me detuve en el pequeño aparcamiento de Rosebery, salté del coche, corrí a la puerta y apreté el bulboso botón verde. La enfermera de noche apareció en el cristal.

—Mi perro está muriéndose —le dije desde un metro de distancia, más o menos—. ¿Puedo pasar con él?

—¡Claro!

Corrí de vuelta al coche, abrí la puerta del maletero, lo cogí en brazos, lo llevé todo lo deprisa que me fue humanamente posible y..., cómo no, le estampé la cabeza con fuerza, con mucha fuerza, contra el marco de la puerta al entrar.

—¡Mierda, lo siento, Reub!

Si no hubiera estado tan angustiado, me habría reído.

Dentro, pasé a toda prisa con él en brazos junto a mostradores y aparatos de todo tipo. Lo dejé en una mesa y la veterinaria se puso manos a la obra de inmediato. Ya no recuerdo qué preguntas me hizo, pero sobre todo se trataba de mantenerlo vivo el tiempo suficiente para ver si lograban averiguar qué le ocurría y, luego, si queríamos que lo operaran en caso de ser necesario.

Con las preguntas formuladas y respondidas, la veterinaria —que se llamaba Erin, eso sí lo recuerdo— me lanzó una última mirada.

—¿Quiere despedirse de él?

Me agaché y lo besé en la mejilla, a medio camino del hocico.

—Nos vemos, Reub, te quiero, Socio. Todo irá bien.

Tenía el ojo de un niño, y con algo salvaje. Lo último se lo había susurrado.

Lo oí jadear mientras salía.

Me volví para mirarlo por última vez.

Nunca se ha visto una respiración tan barrida por el viento, y ese cuerpo de tantos colores, de oscuros, casi negros y marrones, todo él en llamas en medio de un mar blanco.

Lo último de los ladrones de cuerpos

Sobrevivió.

No fue una sorpresa. Ese perro era casi imposible de matar.

Aunque fue por un pelo.

En la sala de espera había una pareja joven sentada a mi izquierda. Recuerdo que él tenía el pelo largo y parches de barba, como si le gustaran Skid Row o Guns N' Roses con décadas de retraso. Ella era menuda e iba arreglada. La verdad es que solo eran unos críos.

—¿Qué tal, chicos? —pregunté.

—Ah, bien.

Me quedé mirando al frente, pálido, con el cuerpo revuelto de la cabeza a la rabadilla, porque no puedo asegurar que sintiera las piernas.

—Jopé, tío, ¿estás bien?

Los miré.

—La verdad es que no. Estoy bastante seguro de que mi perro está a punto de morir.

A continuación les pregunté por qué estaban allí y, por mucho que lo intente, soy incapaz de recordar el motivo. Sé que su perro era una bola de pelo y que el problema no era un problema en realidad, comparado con una muerte inminente. Pero eran majos, así que ¿qué necesidad había de exasperarse? No todos podemos ingresar a un auriga arrollado en versión perro callejero destrozado. Estoy seguro de que su perro aún vive, seguramente gracias a que no dejan las cosas para cuando ya es demasiado tarde.

¿Y Reuben?

La veterinaria salió al cabo de un rato.

Dijo que pendía de un hilo.

Tenía todo el aspecto de ser cáncer de bazo, y un cirujano me llamaría dentro de unas horas. De momento, lo único que podía hacer era irme a casa y esperar. Apenas recuerdo el trayecto de vuelta, pero lo imagino bastante árido. Sé que aún no había amanecido.

Hablé con Mika en la cocina, abracé a los niños. Habían regresado a la cama, todos a la nuestra, tratando de dormir entre lágrimas. No mucho después de que se fueran al colegio, recibí la llamada, que nos dio dos opciones.

Una era intervenir, extirpar el bazo, limpiar todo aquello que también estuviera tocado y luego ver qué decían los análisis de sangre en cuanto al cáncer. Eso solucionaría el problema inmediato, pero no le garantizaba una vida larga.

—Podrían ser unos meses —dijo—, incluso, con mucha suerte, unos años... Pero, por supuesto, no podemos garantizarlo. De hecho, es bastante improbable. Eso en el caso de que sobreviviera a la operación.

La segunda opción era no hacer nada, realizar los análisis de sangre, esperar lo que tardara aquello en volver a manifestarse y ver si valía la pena operar.

—Adelante —dije, hablando con claridad—. Opérelo. Prefiero arriesgarme, por poco tiempo que ganemos. Si muere, lo hará peleando hasta el final.

Conocía muy bien a ese perro.
Se necesitaba mucho para matarlo.

Nos informaron a las 14.30 de ese día.

A las 15.30 estábamos comiendo unos helados.

Cuando los niños volvieron a casa, nadie saludó.

—¿Reuben? —preguntó Kitty.

—¿Está vivo? —dijo Noah.

Hubo grandes suspiros de alivio.

Tenía recados que hacer, así que me llevé conmigo a Kitty, a Noah y a Wynter, una amiga de Kitty, y después compramos unos helados en Darlinghurst y nos los comimos en una esquina mugrienta. Nada podría habernos sabido mejor. Reuben viviría. Aunque no supiéramos cuánto más.

Milagrosamente, pudimos ir a recogerlo al cabo de un par de días y la enloquecedora experiencia, como ya he mencionado antes, solo nos salió por 11.897,65 dólares australianos.

Sí, lo has leído bien, las dos veces.

¡Casi doce mil dólares!

El desglose de la factura ocupaba tres páginas, y Reuben había dejado de ser el perro de baratillo con dos rodillas de cinco mil dólares para convertirse en el perro en el que habíamos invertido otra cantidad estratosférica de dinero con la esperanza de que viviera un poco más. Era una apuesta bastante cara, pero habría rehipotecado la casa si hubiera sido necesario.

Cuando aparqué para ir a recogerlo, el mundo parecía ligeramente distinto, como cuando sales del cine; todo tenía otro aspecto a la luz del día. Pagué, esperé y al cabo de nada me lo trajeron. Era como si lo hubieran torturado en la cárcel, o al menos en una película carcelaria. Afeitado. Vapuleado. Acabado. El sol bailando en sus ojos. Como si acabaran de sacarlo del hoyo. No me habrían extrañado unos tatuajes.

Recuerdo que me llamaron «papá».

—Vamos, Reuben, ¿dónde está tu papá?

Cuando asomó por la esquina, pensé: «Este perro podría ser el Minotauro», y lo pensé con gran afecto. Me agaché y vino hacia mí; apoyó la cabeza en mi hombro.

—Hola, amigo —lo saludé.

«Ya lo sé».

En realidad no sé lo que pensaba, claro, pero tengo la sensación de que esa era la respuesta de Reuben ante la mayoría de las cosas. Esa vez fue un: «Ya, menudo palo, ¿eh?».

—Este perro sí que es duro de roer —comentó la veterinaria.

Le brillaban los ojos y asentí. Reuben me miró con su media cresta, y lo curioso del caso es que le quedaba bien. Cuanto más maltratabas a ese perro, más guapo estaba.

El martes siguiente volé a Edimburgo para estar unos cuatro días, viaje incluido. Fue allí, en la planta alta de una cafetería, donde me llegó el análisis de sangre detallado de Reuben, y la virulencia del cáncer.

Hacía demasiado calor en el local.

Le quedaban tres meses, con suerte.

Cuando lees ese tipo de noticias, el vuelo de vuelta a casa se hace realmente largo.

Pero, como era de esperar, Reuben continuó siendo Reuben.

Se recuperó bien de la operación. El pelo volvió a crecerle. El primer mes pareció recobrar fuerzas, pero yo aún tenía que viajar bastante, así que todos necesitábamos que Reuben aguantara. Lo último que deseaba para Mika y los niños era que todo se viniera abajo estando yo fuera.

Por desgracia, Reuben tuvo su primer mal día justo antes de que yo me marchara para hacer otra gira de diez ciudades por Estados Unidos. La primera parada era en Seattle, uno de mis lugares favoritos, y Mika me escribió nada más aterrizar. Reuben se había escondido en el jardín, como hacen los animales cuando están preparándose para morir. Paul había llamado para interesarse. Mi primera charla era en una librería del norte del estado de Washington y no pude evitar empezarla contando la verdad. Dije que era posible que esa noche estuviera un poco apagado porque creía que uno de mis perros estaba muriéndose en casa y yo no estaba allí. (Más tarde, durante la firma de libros, como mínimo la mitad de los asistentes me contaron las historias de sus perros, un nuevo testimonio de lo que esos animales aportan a nuestras vidas).

Sin embargo, Reuben salió adelante una vez más.

Quizá solo estuviera calentando.

Mika me envió fotos, de las mejores que le había hecho nunca, como un oso en lo alto de la escalera. Cuando volví, parecía haberse recuperado. Tenía seis días buenos por cada uno malo, aunque no podías fiarte de la proporción. A mí aún me quedaban varios viajes.

Y aquí se impone la fatídica pregunta de cuándo. ¿Cuándo los llevas a sacrificar? ¿Cuándo haces que el dolor se detenga para siempre?

Llegamos a noviembre y volvieron a aparecer señales de inestabilidad, un debilitamiento de las patas. Y, una vez más, se recuperó. Había más días buenos que malos.

Justo después de que partiera hacia Chengdu, en China, y Hong Kong, para hacer una visita corta, Reuben dio el giro postrero, que, cómo no, llegó acompañado de cierta comicidad.

El 9 de noviembre, un sábado, Reuben bajó al jardín, pero dio un traspié en los últimos escalones. Después de hacer sus necesidades, necesitó ayuda para volver a subir y el incidente obviamente lo dejó marcado. Mika se percató de la batalla aún mayor que libraba cuando vio que se le acumulaba líquido en el estómago. Yo regresaba a casa el martes y pensó que Reuben aguantaría, que llegaría. Salvo que fuera del todo imposible, quería que yo estuviera allí, tanto por Reuben como por mí, para que fuera su dueño quien lo llevara a morir.

Sin embargo, la madrugada del domingo, Reuben tuvo que ir de nuevo a hacer sus necesidades. Mika lo dejó salir al porche, pero él se detuvo delante de los peldaños.

Ella intentó animarlo.

—Vamos, Reuben, venga.

Pero él permaneció inmóvil, poco convencido.

Como Mika hacía a menudo —porque Reuben pesaba un poco y a ella le costaba cogerlo en brazos—, volvió a sacar el colchón ligero de espuma y, con delicadeza, con mucha delicadeza, lo bajó por los escalones hasta el jardín. Es más fácil decirlo que hacerlo, créeme.

Cuando Reuben terminó, se quedó al pie de los peldaños, a la espera. ¿Has intentado tirar de un colchón barato y blando en el que va montado un perro bastante grande para subirlo aunque sean dos escalones? (Claro, ¿quién no?). Primero tienes que procurar que el perro se mantenga sobre la cosa esa y, luego, encontrar suficiente agarre para salvar los escalones. Por si no fuera bastante, y esta es la mejor parte, también debes hacer frente a su cara de consternación y perplejidad. «¿De verdad? ¿Este es tu plan?».

Huelga decir que la luchadora incansable que es Mika logró subirlo y arrastrarlo hasta casa tras algunos momentos peliagudos y mucho esfuerzo. Reuben ni siquiera se levantó del colchón para volver a su cama. Estaba demasiado cansado. Cabe decir que Mika también estaba agotada, ya que dormía en el sofá para estar cerca de él. Y la noche aún no había terminado.

Justo cuando estaba conciliando el sueño de nuevo, la luz de unas linternas iluminó la cocina y a continuación alguien llamó a la puerta. Mika se acercó a la ventana vertical de la entrada y no, sus ojos no la engañaban.

«¿Es... la policía?», pensó.

Lo era.

Un hombre y una mujer.

—¿Puede abrir, por favor? Tenemos que hacerle unas preguntas.

Resulta que el jardín trasero se ve desde un par de edificios de apartamentos altos y alguien, en su infinita sabiduría, había llamado para denunciar que había visto «cómo arrastraban un cadáver por el jardín y lo metían en la casa».

Mika seguía en la puerta. Extenuada.

Agachó la cabeza.

Y al cabo de unos segundos se echó a reír.

Estoy seguro de que la policía se preguntó si era su mezcla particular de risa homicida y perturbada, y es probable que aún les preocupara más cuando los invitó a entrar con toda tranquilidad.

—Pasen —dijo sin más—. Se lo enseñaré. —Luego, ya dentro—. Es nuestro perro.

Había encendido las luces, de modo que la policía pudo contemplar al taciturno Reuben tumbado en el colchón desde el umbral de la sala de estar.

—¿Ven a ese perro? —dijo Mika—. En circunstancias normales, si los viera ahí de pie como ahora, lo más probable es que se abalanzara sobre ustedes para protegerme, pero, como pueden comprobar, no está en su mejor momento. Necesitaba salir a hacer sus necesidades y he tenido que ayudarlo a subir los peldaños. Pesa mucho para cogerlo en brazos, así que lo he arrastrado en ese colchón...

La policía quedó más que satisfecha.

—Lo entendemos —dijeron—. Sentimos las molestias, pero teníamos que asegurarnos.

Hasta hoy, seguimos sin saber quién los llamó. Nadie nos comentó nunca nada, ni siquiera nos dejaron una nota en el buzón. Espero que la policía los pusiera al día; si no, imagino a quien fuera señalando por la ventana y diciéndole a sus amigos: «Esa es la casa de los ladrones de cuerpos...».

¿Qué más pruebas necesitábamos?

Reuben ya no podía más; había llegado la hora.

Mika llamó para pedir cita.

Conservamos ciertas fechas marcadas a fuego en la memoria.

El 12 de noviembre de 2019, un martes, fue el día que tuvimos que despedirnos de Reuben.

Los australianos, pero sobre todos los habitantes de Victoria y Nueva Gales del Sur, recordarán esa época por la agonía constante que supusieron los peores incendios que habíamos visto nunca, y hemos vivido unos cuantos. El sol era lo único húmedo, un borrón rojo en un espectro de humo.

Cuando aterricé esa mañana, Reuben estaba en una alfombra gris y peluda, cerca de la puerta trasera. En circunstancias normales, habría venido a recibirme. Mika había hablado con Kitty y Noah la noche anterior y ya habían llorado todo lo que tenían que llorar.

Los recuerdo marchándose para empezar el día.

Los niños vestidos con uniformes escolares tienen algo, sobre todo a primera hora de la mañana; están llenos de infinitas posibilidades. Bien repeinados, con todos los pelos aún en su sitio.

Según recuerdo, ese día el cielo estaba despejado y, como era habitual, hacía calor. Un día tan infinitamente caliente y seco como los veranos interminables que habrían de venir.

Reuben tenía cita a las once, así que aún nos quedaban unas horas para mirarlo, sin más, y asimilar cosas como su pelo, o el bulto del morro, cerca del hocico. Los belfos incrustados de percebes. Las patas como astillas de leña. Todos esos marrones amalgamados.

Aunque las dos imágenes recurrentes que tengo son, primero, un acto de rebeldía y, segundo, nada más que amor sincero.

Hacia las diez de la mañana, Reuben decidió que quería salir y, como hacía a menudo, trotó hasta la mosquitera de atrás y la empujó con el morro. Un gesto que transmitió a las claras un «Puta mosquitera, aparta de en medio». Y esa vez consiguió bajar y subir él solo. No pensaba irse sin dignidad.

En cuanto a la segunda, es la de Mika tumbada en la alfombra, junto a él, con el cuerpo pegado al suyo y un brazo sobre su hombro. Les hice varias fotos, y hay mucho dolor y mucho amor; mucha pérdida. Les tengo un gran cariño a esas fotos, por los dos.

Lo llevamos a la clínica de Paul, destrozados pero también aliviados. No cabía duda de que era el momento; puede que incluso hubiéramos tenido que ir antes. Desde luego no era demasiado pronto.

Aparcamos detrás y lo saqué del coche en brazos, pero, insisto, Reuben tenía su orgullo.

Lo dejé en el suelo.

Me miró y entró.

¿Cómo se describe la muerte de un perro?

¿Cómo le hago justicia?

Se tiende a forzar el momento —a embellecerlo, a hacer poesía—, cuando ni siquiera es necesario intentarlo; todo yace ante ti. Lo mejor es contarlo de manera sencilla.

Como Reuben pesaba tanto, Paul preguntó si podíamos hacerlo en el suelo, así que allí se hizo. Tumbaron a Reuben, y Megan (una de las magníficas enfermeras de Paul, siempre amable y de voz suave) procuró que estuviera todo listo. Varias agujas, varios tubos, y Mika y yo a su lado. Se relajó enseguida, nuestro perro derrotado era la calma absoluta.

—Creo que podría ponérsela ya —dijo Paul.

Contestamos que adelante, y él empezó.

Recuerdo que hubo un poco de humor negro, tanto Paul como yo bromeamos, e incluso Mika. Paul nos conocía. Estoy seguro de que yo dije algo como: «Bueno, al menos ahora la vida será un poco más fácil». Y Paul algo como: «Echaré de menos esa mirada de "Ya sabes que podría destrozarte ahora mismo sin pestañear siquiera" que solía echarme...».

Al fin y al cabo, ¿qué otra cosa puedes hacer?

Esperamos, allí, junto a todo ese perro.

Esa dureza.

Acogemos a esos animales, a menudo a regañadientes, y ellos no hacen otra cosa que darnos amor (además de, bueno, todo eso otro no tan bonito, como destruir libros que acaban de entregarte, atacar a la gente, matar a otros animales, amenazar a tus amigos). Sin embargo, también eso forma parte de lo que nos atrapa de ellos. Sabemos que nadie podría quererlos como nosotros.

Una gran amiga mía, Camilla (que también ha tenido perros problemáticos), dice que la muerte de una mascota casi abruma más, porque los humanos van y vienen, se relacionan más, salen más al mundo, hacen su vida, pero las mascotas son nuestras y de nadie más. Ellas siempre están ahí. Nadie las conoce mejor que nosotros. Nadie las entiende como nosotros. Nadie más que nosotros sabe perdonarlas. En cuanto a Reuben, fuimos nosotros quienes lo acompañamos en el cálido y humeante suelo cuando su corazón latió por última vez. Fuimos nosotros quienes lo arrastramos escalera abajo y peldaños arriba sobre un colchón, quienes le estampamos la cabeza contra el marco de la puerta de urgencias veterinarias a las cuatro de la mañana. Fuimos nosotros quienes lo cuidamos mientras se recuperaba de dos rodillas pulverizadas y le aullamos que no se muriera en un coche que aullaba a través de la ciudad. Y nadie más que nosotros lo contemplamos, muchos años atrás, cuando aflojó el paso para acompasarlo al de esa niña que lo adoraba...

Reuben había muerto, entre nosotros.

—Nos ha dejado —dijo Paul en voz baja.

El perro que se convirtió en un caballero

Entramos por el garaje.

Reuben había muerto.

(Por alguna razón, no suelo utilizar lo de «pasó a mejor vida». Quizá se diga por respeto, pero en cierto modo siempre he defendido la idea de que todos vivimos y morimos y, por lo tanto, deberíamos poder llamar a las cosas por su nombre. También esa es una forma de mostrar respeto).

En cualquier caso, ya no estaba con nosotros.

Ese personaje imponente.

Se acabó lo de deambular por la casa, se acabaron las marcas de sus garras en la escalera de madera. Su cabeza en mi regazo mientras trabajaba, dándome empujoncitos para avisarme de que era hora de salir a pasear o, como Reuben seguramente hubiera dicho: «Vamos, tío, que es mi hora». Él sabía lo que se merecía, por sesgada que fuera su opinión.

Archer nos oyó aparcar. Nos esperó en la entrada de casa.

—Archie, te han puesto el listón muy alto —dije.

Me dejé caer y lo abracé.

Supongo que se empieza así cuando te quedas con un solo perro.

Archie parecía desconcertado, lo cual no era del todo inusual. ¿Pensaba que se trataba de otro de los trucos de desaparición de

Reuben? ¿Entendía que esta vez no volvería? ¿Las cosas olían distintas? ¿Éramos nosotros distintos? No lo sé. Insisto, por mucho que haya cometido el pecado de endosarles pensamientos humanos a los animales (un recurso que utiliza todo el mundo, tanto las películas de Hollywood como magníficos narradores como Tobias Wolff), ¿cómo podemos saberlo? Queremos pensar que añorarán al primero que falte, como le ocurrió a Rocky con Tyja en su momento, pero ya sabemos que no todos los perros son iguales, y que reaccionan de maneras muy diferentes. Estoy seguro de que Archie echaba de menos a Reuben, pero también es probable que estuviera preguntándose cuánto faltaba para cenar.

Mika subió enseguida para cambiarse.

Tenía una buena razón para hacerlo.

Cuando todavía estábamos en la clínica de Paul, no me gustó la idea de dejar a Reuben en el suelo. De pronto lo vi muy triste y mustio, hecho un guiñapo. Para el ojo inexperto, podría haber sido algo olvidado o abandonado. Cierto, era difícil que pasara inadvertido, pero no quería que alguien tropezara con él.

Paul dijo que Megan y él se las apañarían para subirlo a la mesa, pero al final lo hicimos Mika y yo, y el pobre perro empezó a vaciarse. La orina salpicó a Mika, que me echó una miradita.

—Te dije que era mejor dejarlo en el suelo.

—Mierda, lo siento —me disculpé—, este perro es un continuo regalo.

Después de dejarlo allí, lo incineraron y, pese a que habíamos pensado esparcir sus cenizas en unas de sus playas favoritas, decidí que me hacía ilusión tenerlo cerca. Está en una delicada bolsa de malla, dentro de una bonita caja gris con una placa en el frente que lleva su nombre. Puede que también haya algo de popurrí ahí dentro, y eso contando con que haya algo de Reuben.

(Creo que casi todo el mundo tiene sospechas acerca del contenido de lo que recibe de estos sitios. Me pregunto qué ocurrió con las grandes piezas metálicas de las rodillas de Reuben, por ejemplo. ¿Se fundieron con el calor del horno? Por otro lado, también soy consciente de que Reuben y popurrí es una combinación bastante absurda).

No importaba.

Nada importaba.

Nos quedaban Brutus y Archer.

Y no había que subestimarlos.

Al día siguiente, fue extraño cuando saqué a pasear a Archie. Salimos pronto y al llegar al parque echó a correr a toda velocidad, algo que no había hecho desde hacía un tiempo. Se había visto limitado por la enfermedad de Reuben, pero ahora podíamos llegar hasta donde quisiéramos del Centennial. Lo más extraño de todo fue recordar que, en tiempos más lozanos, Reuben siempre había sido el líder del pelotón. Siempre concentrado en la tarea, se ponía gruñón cuando Archer se rezagaba. Más adelante nos sorprendería con su truco de desaparición.

Sería interesante ver cómo se comportaba Archer en general. Albergaba ciertas esperanzas que no había compartido con nadie y, cosa excepcional, acerté:

Archie fue todo un caballero el resto de su vida.

Yo echaba muchísimo de menos a Reuben, igual que todos. Con esa cabeza de herrumbre. ¡Y lo dominante que se ponía a veces! Y esos gruñidos, intergalácticos. Notaba que Archie también lo buscaba, pero el líder de la manada nos había dejado para siempre. La pareja de perros mafiosos se había roto. Lo lloró, pero se adaptó a las nuevas circunstancias. Antes, cuando alguien entraba en casa, Archer salía disparado hacia la puerta en calidad de teniente de Reuben, pero ahora ya no era necesario. Cada vez estábamos más convencidos de que hasta entonces se habían regido por un sistema sencillo: en algún momento Reuben debió de darle a Archer la orden clara y directa de que aterrorizara a cualquiera que entrara en el recinto. Él solo intervenía en situaciones desesperadas (como la amenaza de profesoras de piano invasoras de la propiedad). La mayoría de las veces, sobre todo con el paso del tiempo, Reuben se quedaba atrás y dejaba que Archer se ocupara del asunto; él tenía cosas más importantes en la cabeza. Pero, ahora que el rey había muerto, Archie podía ser él mismo. Un príncipe por naturaleza, y un buenazo.

Y así fue.

Durante los dieciséis meses siguientes, Archer participó en nuestras vidas como lo había hecho siempre, pero ahora siendo perro único. No puede decirse que Brutus y él se hicieran amigos ni nada por el estilo, pero las hostilidades quedaron olvidadas; además, Brutie ya era un anciano. Dormía incluso más que antes, siempre en nuestra cama, u hormigonando a Mika en el sofá. Aún se reservaba algún que otro crimen —que quizá él considerara meras extravagancias sin maldad, o fechorías curiosas—, pero, sinceramente, nadie quiere un mealfombras. Y menos aún cuando la alfombra es nueva. Volví al trabajo de siempre: limpiar, poner en remojo, emplear la máxima delicadeza y olisquear en busca de restos del tufillo.

En términos caninos, Archie ahora era mi único socio. Ese verano fue un paseo envuelto en el aliento a humo de la ciudad y la ceniza de la costa sur; las fotos parecían instantáneas de la luna. Arch me hacía compañía en el despacho mientras yo trabajaba. O jugaba al Monopoly con la familia, espatarrado boca arriba. Se tumbaba en el jardín como en tiempos pasados, cara a cara con Noah. Los dos segundos. Parecían muy a gusto, muy unidos. En un momento dado, Paul tuvo que quitarle un colmillo amarillento que se le había cariado y, ya de vuelta en casa, se puso a lloriquear en mi despacho cuando tuve que irme a recoger a Noah a su entrenamiento de fútbol australiano. Mika me envió un vídeo: «¡Escucha al llorica de tu perro!». Como con todos nuestros animales, sabía que usaba palabras duras, riéndose, pero derritiéndose por dentro. El umbral del dolor de Archie no se parecía mucho al de Reuben.

Una de mis épocas favoritas fue la del primer confinamiento de 2020, durante el que se sentaba a mi lado mientras yo sacaba los libros de nuestras gigantescas estanterías, hacía una purga, les quitaba el polvo y volvía a ordenarlos.

—Vamos, Archo —le decía—. Venga, Socio, pongámonos a trabajar.

Y él venía.

Ese mismo año, más tarde, cuando mi rodilla finalmente exigió una operación —cerca de una década después de que Reuben me la fastidiara en el parque—, Archie se tumbaba a mi lado, junto al sofá, mientras yo leía o veía películas o partidos de fútbol australiano. Recuerdo sobre todo estar leyendo *Night Train*, la recopilación de relatos de Thom Jones, y a Archer con la cara apoyada, vuelta hacia arriba, mirándome. Casi siempre era él quien escuchaba mientras les leíamos a nuestros hijos, echándole un vistazo al texto y a las ilustraciones. Ahora no puedo pensar en *Night Train* sin ver el hocico imperturbable de Archer, o su mirada satisfecha. Era una delicia tenerlo cerca, y me seguía allí donde fuera. Un hermano, un hijo. Mi centinela.

En cuanto a su manera de relacionarse con la gente, Archer era un hombre nuevo. Lo creas o no, podíamos invitar a gente a casa. ¡Los saludaba! Incluso dejaba que lo acariciaran. Recuerdo que mi amigo Gus vino una vez de visita y estuvo rascándole el lomo en la cocina. Archie soltaba pelo de manera crónica, y Gus, con bastante gracia, intentaba volver a colocárselo dándole unos golpecitos.

—Olvídalo —dije—, es el cuento de nunca acabar. Como pintar el puente Harbour. Tan pronto terminas de pasarle una mano, tienes que volver a empezar.

Todos los días hacíamos el mismo número cómico cuando subíamos la escalera: yo me detenía y él también. Yo reanudaba el paso y él hacia otro tanto. Siempre mirando hacia delante, siempre con un punto culpable.

«¿Qué? —preguntaba—. No estoy haciendo nada. Solo pasaba por aquí».

Se tumbaba al sol como ningún otro perro.

Lo absorbía por entero.

Hacia el final de 2020, Brutie, el ronroneador impenitente, la cruz del portátil de Mika, nos dejó. Su micción doméstica se había vuelto endemoniada hasta rayar lo patológico. También tenía problemas digestivos de vez en cuando, así que, después de unos debates apropiadamente tensos, tomamos el fatídico camino que conducía a la clínica de Paul.

Fue duro, sobre todo para Mika. Podría decirse que ese gato y ella eran siameses. Cuando él se sentaba a su lado, su ronroneo adoptaba un tono tórtola. Yo tenía mis propios recuerdos: sacarlo de una alcantarilla cerca de nuestra primera casa con los bigotes enroscados como un mostacho; Bijoux y él paseando conmigo por el *bush* australiano, como si fueran perros; que se subiera a mi hombro después de salir de la ducha, aún descamisado, y notar las almohadillas de sus patas y el cuidado con que evitaba arañarme. Apartarlo de mi portátil para poder trabajar. La lista es interminable. A menudo, esos gatos se ovillaban juntos (por lo general sobre mi almohada, maldita sea), y siempre era Brutie quien seguía a Bijoux, igual que hacía ahora, aunque de manera menos salvaje. Como suele decirse, Dios aprieta pero no ahoga.

Así que, como en esas canciones infantiles en las que van contado hacia atrás, ya solo quedaba uno.

Cuando al final únicamente estaba Archer, pensamos que aún seguiría con nosotros muchos años. Aparte de haber vivido en la calle cuando era un cachorro y sobrevivido al parvovirus, nunca había tenido problemas de salud. No se había hecho daño de ningún tipo. Nada que pudiera hacer pensar que la muerte se cebaría con él como lo hizo.

En enero de 2021 empezó a rezagarse cuando salíamos a pasear. El caso es que siempre había tenido que tirar de él, así que no le di demasiada importancia. Sin embargo, a medida que pasaba el tiempo, comenzamos a preocuparnos. En febrero lo llevé a ver a Paul para que le hiciera una analítica, pero todo estaba bien.

Durante los meses siguientes pareció recuperarse, y aún se movía magníficamente cuando quería. Igual que Shoeless Joe, el mítico jugador de beisbol que todavía sabía cómo darle a la pelota a pesar de haber ganado algo de peso, Archer quizá no fuera el perro que había sido, pero correr, corría.

Como todos sabemos bien, ese año volvió a haber un aumento de casos de covid, pero aquí, en Sídney, el confinamiento total no llegó hasta junio. A mediados de abril, regresábamos de pasar la tarde en uno de los eventos deportivos de los niños, adaptados a la situación, y encontramos a Archie en lo alto de la escalera. Noah se adelantó a los demás y empezó a llamarlo, hasta que oí que decía:

—Guau, Archie... —Y a continuación, dirigiéndose al resto de nosotros—: ¡Eh, que alguien venga a ayudar!

Vi a Noah preparándose, listo para cogerlo si rodaba por la escalera. El perro parecía aturdido, se balanceaba. Estaba claro que algo no iba bien. A la mañana siguiente comprobé su cama. Estaba mojada.

El mal presagio se confirmó cuando volví a llevarlo a ver a Paul. Primero, Archie no subió al coche de inmediato, cuando por lo general habría entrado de un salto después de una breve carrera, o incluso sin ella. Luego, cuando tuve que aparcar bastante lejos de la clínica de Paul, Archie no quiso caminar. Lo llevé en brazos, pasé por delante de las tiendas de ropa, de Sonoma Bakery y de la agencia inmobiliaria, rodeé el edificio hasta la pequeña entrada de la clínica..., y esa noche fue la noche en cuestión.

No me preguntes por qué los resultados de las analíticas llegaron tan pronto, pero los tuvimos enseguida, y ese fue el momento de la mesa de la cocina, el de la escena imaginada del plato haciendo añicos la ventana. Y del desmorone en la ducha. «Archer no, venga ya, Archie no», pensé. Si acababa de empezar, como quien dice, se había vuelto un buenazo.

Pero, como ya sabemos, con la muerte no hay trato que valga.

Esa noche dormí en el sofá y Archie en su cama, a mi lado.

Por la mañana, los niños se despidieron de él, y se lo veía bastante mal y callado. Lo que estuviera matándolo era evidente que lo hacía rápido; sin embargo, nosotros aún no sabíamos qué hacer. ¿Debían despedirse los niños de él para siempre?

A las nueve y media ya no teníamos dudas.

Paul no podía darnos hora hasta las tres del mediodía, pero hacia las diez era evidente que Archie sufría de verdad. Se tambaleó en los escalones del jardín trasero; lo cogí en brazos. Se tumbó con la cabeza en mis manos.

Volví a llamar y hablé con el otro gran ayudante de Paul, Phil. Después de tantos años esforzándome por ser siempre una persona tranquila y de trato agradable, ese día lo olvidé todo. «Phil —le dije—, este perro se muere ante mis ojos, está sufriendo de verdad. ¿Hay alguna posibilidad de que pueda llevarlo antes?». (¡Lo sé, superhostil!).

Me dieron hora a mediodía.

Mientras tanto, Mika fue a recoger a Kitty y a Noah al colegio. Halina estaba por la zona y se acercó. Angus, nuestro buen amigo, nuestro y de nuestros perros, volvía a casa después de trabajar en el aeropuerto y también se pasó por allí. Nunca lo había visto tan alicaído.

Aunque, como imaginarás, no fue nada comparado con Kitty y Noah. Los había visto llorar, pero nunca de esa manera. (Recuerda que yo seguía en Hong Kong cuando se enteraron de que Reuben iba a morirse). Unos días después, nuestros nuevos vecinos, que tenían tres perros, comentaron que los habían oído. Fue algo completamente visceral.

A mediodía, se lo llevé a Paul.

No había sitio en el aparcamiento, así que Mika me dejó delante de la clínica y yo lo cogí en brazos. Phil abrió la puerta y me ayudó a meterlo dentro. Es curioso el valor que reunimos mediante el humor. Ya no recuerdo qué dijimos, pero sí que bromeamos, lo más probable es que me quejara de lo que pesaba Archie, y les agradecí que hubieran adelantado la hora. Era como si nuestro perro ya ni siquiera tuviera sangre en las venas.

¿Lo demás? Es difícil escribirlo.

Me obligaré, como una máquina.

Esta vez usamos la mesa.

Mika y yo lo abrazamos.

—Archie, Archerboy, qué hermoso eres —dije, porque lo era.

Le aseguré que el dolor se acabaría pronto, y él se tumbó y me miró, con amor. No estoy seguro de que ni siquiera Reuben me quisiera como Archie, y puede que fuera recíproco, porque nadie nos conoce como ellos, y nos perdonan mejor que los humanos. Sus historias son engañosamente complejas. Si Archie hubiera sido humano, habría sido un ladrón de guante blanco. Llevó a cabo las más altas gestas culinarias de nuestro tiempo. O puede que psicólogo... En un último momento de lucidez, lo vi adelantando a Reuben cuando corrían por la playa.

El líquido entró en sus venas en cuestión de segundos, muy verde; el gatillo ya apretado descansaba en la mano de Paul.

Los labios de Archie.

Se le habían puesto tan blancos... Estaba pálido de pura anemia. Se quedó tumbado en la mesa, tranquilo, en la muerte como había sido en vida: rubio y definitivamente bello. Sus ojos se volvieron grises y vidriosos.

Fue como he dicho en el prólogo, como si se lo hubiera llevado la marea.

Archie, te quisimos muchísimo.

Te imagino en el mar.

La sequía de perros de 2021

El verdadero golpe llegó a la mañana siguiente, cuando desperté a una vida sin perros.

Ni Reuben ni Arch.

Los dos nos habían dejado y la casa parecía vacía, porque así era, en un sentido muy concreto. Vacía de animales. Solo estábamos nosotros. Los humanos discutidores.

Me hice un café y me volví con él a la cama.

Me tumbé con la cabeza encima de Mika, evocando lo que Archie hacía con Reuben. Entonces me rompí por completo. Solo quería que volvieran esos perros que nos habían dado tanta vida y nos habían causado tantos problemas.

Esta vez, la gran diferencia, y no podría ser mayor, era que si bien la muerte de Reuben había sido una pérdida inmensa, aún teníamos a Archer; había una necesidad. Teníamos que alimentarlo, pasearlo y darle amor. Por no mencionar que aún nos quedaba un perro del que quejarnos, algo no poco importante. Al menos podíamos seguir asombrándonos ante esa manera infame de perder pelo. «Madre de Dios, mira eso. Creo que de ahí puede sacarse otro perro...». Nos había obligado a mantenernos en pie, pero de pronto él también se había ido, y algo había muerto en nuestro interior.

Pasaban las semanas e íbamos adaptándonos a una vida sin mascotas cuando Mika comentó que yo debería escribir sobre los perros mientras aún lo tuviera todo fresco en la memoria (algo que también me había insinuado tras la muerte de Reuben). Habiendo vivido con un escritor que había tardado trece años en acabar su anterior libro, creo que Mika deseaba que escribiera algo rápido. No por motivos económicos ni porque tuviera muchas pretensiones, sino porque se supone que los escritores son productivos, que empiezan libros y a veces los acaban. Sin embargo, mi mujer también sabía lo que significaba para mí. Lo que significaban ellos.

—Esos dos perros han formado una parte muy importante de tu vida —dijo, enmarcada por la puerta de mi despacho.

Y, de verdad, lo prometo, lo intenté.

Después de haberlo intentado unas seis o siete veces tras la pérdida de Reuben, tenía unas pocas páginas que empezaban con la mañana en que se desplomó en el suelo de mi despacho. Pero no funcionaban, no encontraba el tono correcto. Te preguntarás si se puede ser más vago. ¿Rendirse después de cuatro intentonas fallidas? Sin embargo, en mi caso la cosa funciona como he explicado al principio: sé si quiero escribir algo desde la primera frase, y no la tenía, aún no. Pensaba que quizá no estaba preparado. O puede que quisiera quedármelos para mí.

Como es habitual, lo más probable es que tuviera miedo. Gran parte de mi vida de escritor ha estado marcada, ante todo, por esa emoción. Un miedo atroz. Y por dudas, no solo acerca de mi capacidad, sino también de mi disposición de llevar algo a término. No soportaba la idea de fallarles. No podía decepcionar a esos perros.

Así que, ¿qué hice?

Me fui a hacer surf.

Fui en coche hasta Bondi y Maroubra y, antes de que amaneciera, ya estaba en el agua. En la mezcla de luz y espuma de mar vi a mi familia, y a Reuben y a Archer. Vi a Bijoux, el Gengis felino. Y a Brutie, el orinador de suaves ronroneos. Recordé esas mañanas en que Reuben estaba enfermo y no tenía ganas de salir. Archie y yo íbamos hasta el puente peatonal y siempre había alguien que preguntaba:

—Eh, ¿y el otro perro?

—Ah, tiene cáncer. Va tirando, pero hay mañanas que no está para monsergas.

La gente parecía sentirlo de verdad.

—Es raro verte solo con uno —decían, y luego cada uno se iba por su lado.

Por lo que he vivido con amigos y algunas personas de mi familia, el cáncer humano nos cabrea; el cáncer animal nos entristece.

Y una cosa más.

Cuando ya no tienes perro, nadie te pregunta nada. Te vuelves irreconocible. Dejas de ser quien eras.

Lo cual nos lleva a lo inevitable.

Sí.

Acogimos a otro perro.

Según mis cálculos, pasaron ochenta y dos días, casi tres meses, y debo decir que, a pesar de todo mi amor y añoranza, ¡qué meses tan bonitos fueron!

En ese tiempo, Sídney volvió a un confinamiento más severo y, a pesar de que la casa estaba más limpia y de que teníamos mucho más tiempo para nosotros, echábamos enormemente de menos a nuestros animales, y nuestros hijos estaban cada vez más inquietos. Eran niños que habían pasado media vida con nuestras mascotas, sobre todo con los perros, así que los escuchamos cuando plantearon la cuestión; o, mejor dicho, los escuchamos y luego dijimos que no. Cada uno sufre de manera distinta la herida que deja una mascota agonizante. Hay quienes buscan un sustituto de buenas a primeras; otros se toman años, incluso décadas. Y hay quienes se ven incapaces de pasar por lo mismo otra vez. En nuestro caso, creíamos que ya habíamos tenido suficiente. Nos propusimos disfrutar de ese descanso. Por no hablar de la aspiradora. Ahora que ya no había montañas de pelo de perro ni de gato que aspirar, la pobre podría haberse ido de vacaciones a las Bahamas.

Pero ya sabes cómo son estas cosas, al final siempre ocurre lo mismo. La chispa se convierte en una luz, y la luz en una llama. Un fuego se transforma en un infierno y, como quien no quiere la cosa, una tarde le echas un vistazo a varias páginas de adopción de perros y a todos esos ojitos suplicantes. Tomas varias notas mentales. Le confiesas tus pecados a tu mujer.

—Mierda —dice ella—, ¿en serio? ¿Les has hecho caso a esos malditos niños?

—Pues tienes razón. ¿Desde cuándo se ha tenido en cuenta su opinión en esta casa?

—¡Exacto!

—Y volveríamos a tener los mismos problemas de siempre.

—Se complicaría lo de movernos. No podremos vivir nunca en el extranjero.

—Como si fuéramos a hacerlo...

—¡Nunca se sabe! —Lo piensa—. Ya.

A mediados de junio intentamos implantar la política de no echar vistazos, pero ninguno de los dos lo consiguió. Había varios perros que tenían pinta de, muy apropiadamente, llevar una vida de perros, y todos eran irresistibles. Recuerdo a una perra llamada Cookie —de color canela y con pequeñas rayas negras de tigre—, pero, por lo que fuera, aún no parecía la adecuada.

Aunque sea bastante obvio, quizá debería explicar lo que Mika y yo buscamos en un perro y por qué llegan siendo una bomba de relojería. Ya sé que he dicho que Mika tiene un don especial para encontrar perros problemáticos, pero soy consciente de que a mí me ocurre lo mismo. No tenemos ningún problema con que la gente compre perros de pura raza o busque un cruce en concreto. (En realidad, esos son los listos, y de verdad que no odio a los Cavoodles, ¡lo juro por mi madre!). Pero alguien tiene que acoger a los mestizos, a los rechazados, a los que nadie quiere. Insisto, nada de esto nos hace especiales; lo que ocurre es que parece que no podemos evitarlo. Es lo que nos va. Lanzar los dados. Y puede que quizá, solo quizá, nos guste el caos.

Dicho esto, una vez más abandoné la búsqueda.

Nuestros hijos dejaron de presionar, que es algo que siempre he apreciado. Su poder de incordio es nulo. Su solicitud fue admitida y archivada. Bastante tenían con hacer los deberes del colegio y seguir adelante con sus vidas. A veces hablábamos de volver a dar el paso, pero la conversación enseguida perdía fuelle...

Hasta que lo vi.

En la página web del Hogar para Perros y Gatos de Sídney apareció un perro nuevo, un perro de perrera extraordinario.

Lo bastante grande.

Lo bastante tosco.

Con pinta de sociable.

Lo bastante cerca de la edad adecuada (tenía un año y medio, y buscábamos perros de dos años o más).

De hecho, parecía un perro de película o de telecomedia, de esos que meten la pata pero de manera simpática, como cuando echan a correr por la casa mientras están bañándolo para ir a sacudirse a la cocina. Ese tipo de perro.

Así que estuve atento.

Me ponía a trabajar un poco en una novela nueva y supuestamente corta a la que estaba dándole vueltas (no iba bien) y de vez en cuando le echaba un ojo a la página web y, por consiguiente, al perro.

Seguía allí.

Hasta ese momento no había compartido con nadie aquel ser de pelo blanco y aspecto simpático que te miraba de manera afable desde la pantalla. (¡Madre mía, el fotógrafo de esa perrera era un puñetero Rembrandt!).

Hasta un viernes por la tarde.

El 9 de julio de 2021.

El perro de la pantalla, de nombre FROSTY.

Un nombre disparatado, pero le pegaba. Ah, y otra cosa. La breve pero entusiasta ficha mencionaba que sería ideal alguien con un poco de experiencia con perros grandes, para resolver unos pequeños hábitos de nada... Pero, por lo demás, era simpático, sociable y «se lleva muy bien con otros perros y con las personas».

¡Pues venga! ¡Que me enviaran a ese zoquete, *muchas gracias*,* me apunto!

Sentí la comezón del entusiasmo, pero también me invadieron grandes dudas. ¿Cómo podíamos planteárnoslo siquiera?

Volví la vista hacia el suelo del despacho.

Ni Reub ni Archie descansaban allí.

Aquí es donde debería hacer lo que ya he hecho antes, lo que han hecho casi todos los libros, las historias y las películas. La primera vez que reparé en ello fue justamente en una película de Tom Hanks, *Socios y sabuesos* (una historia de perros), que vi de pequeño y en la que el final refleja el principio. En ella,

* En español en el original. *(N. de las T.).*

después de que Hooch, el perro, muera heroicamente tras salvar la vida del personaje de Hanks, saltamos hacia delante y vemos a su sustituto, un cachorro, al que están reprendiendo por haber bebido de la taza del váter, igual que había ocurrido al principio...

Así que ahora podría volver a ese momento, aunque esta vez sería yo quien llamaría a Mika, y sería ella la que se mostraría reacia y dudosa.

Tendría que dejar constancia de todos los detalles:

La luz que se refleja en un último pelo de Archie, olvidado en el suelo de mi despacho, o el olor permanente de Bijoux o de Brutie.

Le gritaría a Mika que creía que había encontrado a nuestro perro y ella diría: «¿Perdona? ¿Qué has dicho? No te he oído...».

Pero no voy a hacerlo, porque a veces las elecciones más importantes parecen destinadas a serlo desde el principio. En este caso, vi al perro. Logré imaginarlo formando parte de nuestra familia de humanos y de fantasmas de animales. Cuando hablé con Mika, ella ya lo sabía. Los niños —ante la repentina perspectiva de que iba a suceder de verdad— se mostraron recelosos y extrañamente callados. Noah estaba más emocionado. Kitty tenía miedo, creo, de no ser capaz de querer a ningún otro perro como había querido a Reuben y a Archie. Aunque solo le duró tres o cuatro minutos; luego recapacitó y dijo que estaba lista. Todos asentimos y nos comprometimos.

Llamé ese mismo viernes.

El lunes conocimos a un perro salvaje.

Y luego, a pesar de todo —el sentido común, la experiencia, el instinto de supervivencia—, hicimos eso a lo que parecen dedicarse los Zusak:

Conocimos a un perro salvaje y nos lo quedamos.

La aventura desde entonces ha sido memorable.

(La última prueba está por llegar, te lo aseguro).

A día de hoy, hemos sobrevivido y, por lo que parece, el vecindario también.

Empecé a escribir este libro en marzo de 2022, ocho meses después de acoger a Frosty. Mientras repaso las últimas correcciones, ya hace más de dos años y medio que está con nosotros.

En muchísimos sentidos, es justo el perro que necesitábamos. Desde luego es simpático. Le gustan los demás perros —bueno, la mayoría de ellos— y jamás le haría daño a una persona de forma intencionada.

Pero Frosty exige un epílogo.

De verdad, créeme.

Puede que Reuben fuera peligroso, igual que Archer, su teniente, y sí, ahí fuera hay de todo, perros que son unos santos, otros que son unos matones y todos los demás. Pero por ahí, en algún lugar en medio de esas praderas, de parques, playas y paisajes urbanos, corre algo blanco, grande y greñudo y, de los tres perros que he tenido, a los que he amado y por los que he luchado, a los que he educado y maleducado, él es el más salvaje de todos.

¿En qué narices estaría pensando?

Epílogo

El perro que surgió del frío

Su último apodo es «Frotestón».

Hay un motivo para ello, por supuesto, y nos tropezaremos con él dentro de nada.

Mientras tanto, debería confesar que mi primer intento de escribir este epílogo resultó demasiado formal y filosófico, cosa que, siendo benévolo, no era lo adecuado y, sin serlo, quedaba rarísimo. Cuando el personaje literario al que más has mencionado en un libro es Chewbacca, resulta un poco rocambolesco ponerse tan trascendente en las páginas finales. Incluso había citado a Proust y su «vasta estructura del recuerdo»... ¿Te lo puedes creer? Así que llegó un momento en que me dije: «Venga, tío, déjalo». No, para nuestra historia (y sus criaturas) es mucho más adecuado seguir los dictados de las tripas y el corazón.

¿Cómo explicar lo ocurrido?

¿Cómo resumir todo lo que ha sido?

Con dos palabras:

«Maldito» y «Frosty».

Lo que dije al principio es cierto.

Este libro le debe su existencia a él, puesto que me mostró el camino, iluminó el sendero. Me dio la frase inicial, y esa frase es mi primera directriz, el «así es como vas a escribirlo».

Necesitaba desorden en el presente para reflexionar sobre las hazañas del pasado. La voz de un corazón roto puede resultar cautivadora, pero ¿qué es sin calamidades, sin risas y sin tener que ganarse el pan: el arte de conseguir hacer cosas? He aprendido a aceptar o, mejor, a agradecer que el mundo contenga de todo. Gracias a nuestros numerosos animales hemos vivido una vida hermosa, brutal, terrible, desternillante, aventurosa... Y no, «aventurosa» no es una palabra que exista, pero voy a intentar colarla. Como dijo una vez Tom McNeal, mi amigo y otrora dueño de Edna, la Dóberman tiritante, sobre las reglas de la escritura: «No lo expliques, muéstralo»:

—Bueno, no te preocupes mucho... Al final, se trata de lo que consigas que cuele.

Una regla por la que regir la vida entera al pie de la letra.

De manera que ¿qué hacer ahora con este tercer perro descarriado y su vena artística para las perrerías? Si te soy sincero, podría haberme lanzado y haber escrito otra parte entera sobre los pocos años díscolos que hemos compartido con él, pero he preferido ahorrártelo... También está mi lealtad para con Reuben y Archer. Ellos tuvieron que vivir toda una vida para conseguir que les dedicara partes completas del libro, y Frosty no va a llevarse nada sin merecérselo. Lo quiero, pero tampoco tanto. (En realidad lo quiero una barbaridad, pero, como dice Walter en *El gran Lebowski,* la mejor historia que ha existido jamás sobre las alteraciones del universo: «Aquí hay reglas». Solo que una de ellas no es la de «No lo expliques, muéstralo»).

Así que, nada, voy a explicártelo.

Lo que sigue es una lista bastante exhaustiva de los dudosos logros de Frosty hasta la fecha. Lo cierto es que hay muchos más (algunos están algo borrosos), pero al menos podrás formarte una buena idea de su contribución al mundo. No siempre ha sido bonito.

1. Arrollar a personas en el parque. (Recuento de víctimas: cuatro. Heridas: milagrosamente ninguna).

2. Comer excrementos, además de restregarse en desperdicios humanos, también en el parque. (Nivel de asqueamiento: extremo. Mis indicadores de palabrotas y blasfemias se salen de la gráfica).

3. Acosar a personas que llevan esos cacharros para lanzar pelotas. (Ya ha dejado esa costumbre, pero siempre existe la posibilidad de que se le vaya la pinza otra vez).

4. Atacar rodillas-espinillas-cuádriceps con inquina. (Como se ha visto en el prólogo. Más detalles a continuación).

5. Saltar al asiento delantero del coche y sonreír como un loco sentado al volante si lo dejo solo ahí dentro aunque sean tres segundos. (También controlado ya).

6. No empezar nunca una pelea con otros perros, pero emperrarse en acabarlas, con una confianza ciega en sus posibilidades. (Pregúntale a un Pastor Alemán llamado Turbo y a cierto temible Pastor Granadero Australiano. Por lo visto, si le buscas las cosquillas a Frosty, está dispuesto a pelear a muerte).

7. Echar a correr detrás de bicicletas. (Lo vamos controlando, pero aún hay que trabajar en ello).

8. Perseguir caballos cerca de la pista del Centennial Park. (De nuevo, ya está controlado, igual que los siguientes puntos).

9. Atacar motocicletas. (Aunque estuvieran paradas en el semáforo, en un inocente punto muerto, Frosty se lanzaba a por las ruedas).

10. Como consecuencia del punto anterior, envolverme con la correa alrededor de una señal de «Prohibido detenerse» porque

acababa de pasar una Vespa. (Memorable. Sobre todo porque Paul, nuestro leal veterinario, lo presenció al salir a por su café de la mañana).

11. Atacar aspiradoras. (Compulsivamente antes, ocasionalmente ahora).

12. Asaltar cortacéspedes. (Tiene sentido, si lo piensas).

13. Atacar el cortacésped antes de que lo hayas puesto en marcha. (Esas ruedas... ¡No puede resistirse!).

14. Acosarme sin tregua todas las mañanas del mundo cuando me levanto para sacarlo a pasear. (Es interminable: salta, habla, grita, protesta. Marca. De verdad que nunca he tenido un perro tan charlatán ni que marcara tanto. Esos dientes se cierran como el rayo. También tiene un bostezo que se transforma en una acusación, algo como: «Por Dios bendito, ¿crees que podrías ir más despacio aún?». Y sí, estoy seguro de que suelta tacos y blasfema).

15. Perseguir y cazar, además de intentar inmovilizar numerosas veces a cualquier bicho andante, flagrante o variante de animal que considere cazable (o sea, todos). Puede suceder en cualquier lugar, en cualquier momento, no hay límite, y es tronchante aunque exasperante también.

16. Usar las patas como manos para rodearte las piernas y tirar de ti hacia donde quiere que vayas.

17. Usar esas mismas patas para abrir una verja grande y larga de la costa meridional a fin de perseguir canguros. (Como nuestra amiga Masami dijo una vez después de que pasara a toda pastilla junto a Angus, su perro Busta y ella: «Solo he visto un enorme borrón blanco. Ha pasado volando a nuestro lado en dirección a los árboles y... ¡ha desaparecido!»).

18. Lanzarse como un poseso por encima de la susodicha verja para perseguir más canguros. (En cuanto descubrió que podía saltarla, ya no hubo forma de detenerlo).

19. Regresar de esas incursiones impresionantemente cubierto de manchas de hierba, carbón y tierra, y con el pecho llenito de marcas de garras; unos arañazos de perfecta rectitud. (Si le hubieran tocado la yugular, apaga y vámonos).

20. Regresar de otra de esas incursiones con un rasgón en la piel del tamaño de una moneda de cincuenta centavos: de un rojo brillante, sin duda por haberse clavado un palo. (Ver algo así hace que te estremezcas. Primero lo lavé con detergente para platos, pero media hora después encontré un poco de Betadine. Cuando se lo apliqué, dio un salto y rugió como un monstruo de las profundidades. No mordió, no atacó, solo fue un grito, un: «¡Tío, que eso duele de la hostia!»).

21. Atacar boquillas de aspersores ultrarresistentes cuando funcionaban a toda potencia. (No hubo forma de impedírselo. Todo un parque lleno de gente que se quedó inmóvil, mirando y riendo y conteniendo la respiración. Cuando terminó, tenía la boca llena de heridas sangrantes, como era de esperar).

22. Darse un atracón de fertilizante para césped en el jardín de mis padres y luego vomitar en el coche. (Sensacionalmente repugnante, de verdad).

23. ¿Y lo último? Encontrarse abierta la verja de casa una mañana y acercarse a la consulta de Paul para que le dieran unas chuches cuando ni Mika ni yo estábamos por allí. (Muy Frosty).

Y suma y sigue.

Como sin duda verás, muchos puntos de la lista de Frosty podrían ser capítulos por derecho propio. Piensa en el último, que culminó con Paul dedicándome unas palabras muy bonitas por lo sinceras sobre el estupendo trabajo que he hecho con ese perro.

—Llegó tan tranquilo, no estaba para nada nervioso. Y eso que era un salvaje la primera vez que nos lo trajiste...

«¿Yo? —pensé—. ¿Un buen trabajo? ¿Estamos hablando del mismo perro?».

Para colmo, mientras volvíamos a casa, por la calle todo el mundo sabía perfectamente quién era Frosty y casi le dedicaron varios «choca esos cinco». Era evidente que había vivido una mañana inolvidable, cosa que lo describe a la perfección. Por mucho que antes le dijera a la gente que Reuben era un perro de baratillo con dos rodillas de cinco mil dólares, o que Archie era un glotón terrible, la tarjeta de visita de Frosty resulta muy sencilla: es el perro más simpático que hemos tenido nunca, pero el más travieso con diferencia. La parte positiva es que adora a todo el mundo sin excepción, y espera que la gente también lo adore a él. «¿Y por qué no habrían de hacerlo? —parece dar a entender—. Pero ¿tú me has visto?». (Ojalá supiera que no solo es el perro más travieso que he tenido, sino también el menos fotogénico).

Y luego, por supuesto, está su otro talento volátil:

Cómo consigue provocarme ese perro, por Dios...

Hoy mismo, a primera hora de la mañana, por algún motivo me he entretenido cerca del cajón de los perros (lleno de correas, bolsas para caca y pelotas de tenis) y en cierto momento he dicho:

—Oye, ¿acabas de morderme en el culo?

Mika se ha reído, como siempre. Los dos nos hemos reído. La locura y la dicha de tener a Frost.

—Buena suerte en el paseo —me ha deseado mi mujer, como hace a menudo, porque siempre hay cierta probabilidad de que vaya a necesitarla.

Ahí fuera podrían ocurrir tantas cosas... Somos los eternos reincidentes.

... Pero ¿qué sucedió en julio de 2021, cuando nos lanzamos otra vez de cabeza y solicitamos sacar a Frosty del Hogar para Perros y Gatos de Sídney, también conocido como la perrera, también conocida como el albergue? Como siempre, fue cosa del destino, porque hubo muchísimos detalles que pudieron desbaratar nuestros planes. Primero, alguien se me adelantó, pero el encuentro no fue bien. (No sé por qué, no me sorprende). Segundo, nos informaron con la debida diligencia de que a Frosty lo habían devuelto al centro nada menos que dos veces, aunque también nos dijeron que era un perro estupendo, ¡de verdad que sí! Tercero, puesto que estábamos en pleno confinamiento, nos lo trajeron a casa en lugar de hacernos ir a nosotros a la perrera. Les propusimos quedar en el parque, pero decidieron que mejor no y, cuando conocimos a Frosty, comprendimos por qué.

Kitty y Noah se enamoraron de él al instante, ya mientras recorríamos nuestro camino de entrada hacia la calle para llevárnoslo a dar una vuelta a la manzana. Les encantaron las manchas marrones que le recorrían el trasero, los lunares que le salpicaban las orejas. Pasamos las manos por ese pelaje tan recio, y, aun así, tenía la cabeza y las orejas muy suaves.

Todo fue bien mientras su cuidadora le daba pollo cocido durante el paseo para mantenerlo lo más centrado posible. Yo notaba que se ponía nerviosa cuando veía a otro perro. Uf..., Frosty no lo había visto.

Al regresar a casa, sin embargo, empezaron los verdaderos fuegos artificiales. Quiso la casualidad que nuestros vecinos Phil y Ann Maree sacaran a su trío de perros a pasear justo en ese momento y..., ¿cómo decirlo con delicadeza? Frosty se lanzó como un energúmeno hacia la calle. Saltó, ladró, se sacudió, dio mordiscos al aire, rechinó los dientes, atacó, marcó... El catálogo al completo. A los humanos nos pilló desprevenidos. Hubo gritos, chillidos y susurros, exclamaciones de «¡Joder!» y «¡Mierda!» y «Tranquilos, lo tengo. ¡Ay, no, no lo tengo!». La escena pareció alargarse varios minutos y, al terminar, la pobre mujer que lo había traído se derrumbó. Ya habíamos accedido a quedárnoslo, pero nos miró bastante avergonzada bajo el sol de la mañana.

—Bueno... —empezó a decir—. ¿Aún lo quieren?

Todos los ojos se posaron en mí.

Sabían que era yo quien se ocuparía del trabajo, yo quien se encargaría de adiestrarlo. Yo quien aceptaría toda la culpa cuando volviera a desatarse una anarquía similar en las calles.

Observé a mi familia unos instantes, consciente de que, si el veredicto era que no, apechugarían con ello. Pero no se produjo ni el menor atisbo de rechazo. De nuevo, esa fe recalcitrante. De nuevo, los defensores de causas perdidas. La pregunta de ¿quién, si no nosotros? Me refiero a quién habría aceptado a Frosty después de semejante circo. No soy tan ridículo como para creer que somos los únicos, pero estoy seguro de que el porcentaje es bajo. Aquel animal tenía pinta de ser un hueso duro de roer, pero no podía devolverlo y listos. Si algo puedo decir sobre Mika, nuestros hijos y yo mismo, es que nos cuesta mucho renunciar a un perro. Incluso después de solo dos minutos. A las pruebas me remito.

Cuando le dije que sí a Renee, la cuidadora, que nos lo quedábamos, casi se cayó de espaldas.

—¿De verdad? —preguntó—. O sea... —Se aclaró la garganta—. ¡¿En serio?!

—Ya lo puliremos —dije, medio convencido como mucho, consciente de que sin duda costaría, pero nunca tanto como al final costó.

Ya has visto lo que sucede en el prólogo. Sabes cuál es la primera frase de este libro.

De modo que, por poner fin a esta historia de una vez, sí, es cierto, lo reconozco: me he peleado con mi perro en plena calle. Al menos tres veces, y fueron peleas de las buenas.

Para acabar de arreglarlo, estoy seguro de que en la segunda, cuando Frosty volvió a atacarme por las rodillas, una pareja joven que ya había presenciado el encuentro anterior no hacía más que mirarme con disimulo. Estoy convencido de que se debatían en susurros: «¿Denunciamos a ese tipo? La que le está cayendo a ese perro». Recuerdo que tenían un Pastor Australiano de pura raza... Pero vayamos al acontecimiento que nos ocupa.

Una tarde, más o menos una semana después de nuestra confrontación, estábamos en York Road, cerca del Campo de Reuben, cuando Frosty vio a otro perro y se dispuso a lanzarse a por mis rodillas, pero se detuvo. De repente se sentó y levantó la mirada hacia mí... Tuve que darle un montón de palmaditas y un abrazo.

—¡Frosty, lo has conseguido, buen chico! ¡Lo has hecho muy bien!

La pregunta de si habría logrado llegar a ese punto de todas maneras me parece especular por especular. El caso es que estaba dejándonos hechos polvo. Había que ponerle fin. Teníamos un perro al que debíamos plantar cara y la tarea recayó en mí, como debía ser.

De manera que tal vez Paul tuviera razón hasta cierto punto.

Frosty ya no tira de la correa sin control, no ataca a la persona que lo está paseando. Ya no me deja atado a señales de «Prohibido detenerse». Camina a mi lado bastante tranquilo, con la correa colgando floja entre ambos.

¿Excitable? Desde luego.

¿Travieso como un demonio? En ocasiones.

¿Con aires de superioridad? Para no creérselo.

¿Instinto cazador? Palmario.

Pero hay que saber reconocer las pequeñas victorias.

También obedece, y se esfuerza mucho. Hemos reducido el cien por cien de malas conductas a un cinco por ciento, a algo anecdótico. Cuando viene gente a casa, se encuentran con un amigo de por vida. Frosty se lanza al suelo para que lo acaricien, luego ríe de felicidad y protesta pidiendo más. (El último de sus apodos, Frotestón, viene de Froztestiano: un guiño al Instituto Smithsoniano, pero también a su propensión a protestar. Mientras que Reuben era un habilidoso anecdotista, Frosty no tiene rival en los diálogos. La única palabra posible para describirlo es «parlanchín»).

Uno de sus numeritos consiste en sentarse en el regazo de los niños, de espaldas a ellos, con las patas delanteras extendidas y levantadas con astucia: uno de los perros falderos más grandes del mundo. Ellos lo llaman Frozzle, o Frozman, y le dan besos en el morro, de donde le cuelgan mechones de pelo recio. Cuando se porta mal, solemos amenazarlo: «Como sigas así, ¡te cortamos esas greñas!». Una vez, hablando de que no podíamos dejar que nos dominara, Kitty señaló: «Sí, estamos más arriba en la cadena alimentaria: si quisiéramos, podríamos comérnoslo... Mira qué carrillos más carnosos tiene».

¿Es pasarse?

Ni hablar.

Bueno, al menos no en nuestra casa, porque entonces Noah sale en su defensa. Protegería a ese perro con su vida. «¡Nadie va a comerse a Froz!», suelta, o quizá use algún otro apodo. Es la prueba de que las familias tienen un idioma propio, y de que los animales son parte del vocabulario.

El caso es que ahora mismo tenemos un perro de casi cuatro años con un alma salvaje y espectacular. Tiene una carita preciosa, aunque las fotos no le hacen justicia, como ya he comentado. (Cuando más apuesto está es en pleno vuelo, en la playa, con ninguna de sus cuatro patas tocando la arena).

Al principio he dicho que los perros nuevos parecen impostores que pretenden asimilarse a los perros de nuestro recuerdo, pero en el fondo sé que hay algo más. También suelo decir que escribo mi siguiente libro para expiar los pecados del anterior, y me pregunto si no sucederá eso mismo aquí. ¿Es eso lo que siento por Frosty? ¿Estoy expiando lo que hice con Reuben y con Archer? ¿Todo aquello en lo que me equivoqué?

Me gustaría responder que sí, pero la verdad —igual que tal vez suceda con cualquier próximo libro— es que me paso la mayor parte del tiempo apretando los puños con fuerza, intentando mantener todo el control que puedo. Eso, aparte de que las comparaciones son absurdas. Lo que más me gusta de Frosty es que hace que Reuben y Archer sigan cerca. Inolvidables como fueron, los recordamos con más facilidad gracias a él. Es un recordatorio tenaz y constante.

Pero, por supuesto, Frosty también es solo Frosty.

Algún día, también él será un perro del que otro tendrá que estar a la altura. Será él a quien añoremos como si nos faltara una extremidad. Él a quien queramos volver a tener cerca, en espíritu. De manera que ¿qué podemos hacer ahora más que amarlo, en todo su esplendor y con toda su furia? (Y maldecirlo, desde luego).

Seguro que la próxima vez seremos más listos. Nos aseguraremos de no traernos a casa a un camorrista, a un cazador, a un artista del escapismo, a un defensor del «lucha a muerte si te provocan»...

Pero ¿a quién quiero engañar?

Los libros empiezan donde terminan.

Puede que al final todo sea, en efecto, circular. Porque, si algo he aprendido de mí mismo, es que nunca aprendo de verdad. Eso, y que no hay nada como un perro. No hay nada como un perro que se convierte tanto en una vía al pasado como en lo indomable del presente, y que a veces merece la pena repetir. Es su aliento y su pelo y su hedor, son sus ojos, es cómo se frotan contra ti. Lo saben, te lo dicen:

«Soy tuyo».

Son todas sus geometrías dispares; sus ángulos de patas y orejas, sus gorgoritos y sus gañidos, y cómo saben siempre a qué prestar atención. Su anatomía oye muchas cosas —y su espíritu, más aún—, pero su interior te escucha a ti. Y eso casi lo compensa todo. Las muertes, los ataques, los encubrimientos. Solo un tonto repetiría una vez más tras haber vivido esas historias trepidantes. Como he dicho, me arrepiento, pero nunca tanto como para cambiar nada... Bueno, vale, puede que sí cambiara unas cuantas cosas.

Pero no si eso los alejara de mí.

Ahora mismo, mientras escribo estas líneas finales, Frost está dormido a mi lado. Genio y figura, está roncando: una tormenta de nieve de cuatro patas. (¿Qué puedo decir? Vive a tope, descansa a tope).

La pantalla de mi ordenador está dividida en dos: a la izquierda tengo la ventana donde escribo, en la otra mitad está Archie, sentado en la playa con pose de caballero y una oreja apuntando al horizonte. Es difícil decir adiós. En la mayoría de las memorias se lee el mismo comentario, que escribir sobre el pasado solo hace que añores mucho más a todo el mundo. Yo añoro a Reuben y a Archer todos los días. Añoro a Brutie, e incluso a Bijoux, el gato guerrero con muy malas pulgas.

(Ahora Frosty está soñando, inmóvil pero a la carrera, y no deja de hablar ni estando dormido).

Si alguna vez pasas por este barrio y ves a un tipo paseando a un perro de perrera con pelaje recio y ojos muy abiertos, no dudes en saludar. Es probable que no me reconozcas, pero sabrás que soy yo por él. También debes saber que todo parecerá estar tranquilo, parecerá que lo tenemos controlado, pero eso puede cambiar en un suspiro.

Y puedes apostar a que será eso sobre lo que escriba: sobre esa enorme edificación de demencia y descontrol, y del milagro del rencor y el afecto. Si es cierto que toda la vida te pasa por delante de los ojos en el momento de morir, estoy seguro de que en esa luz veré a mis perros. Es más, si son ellos quienes me esperan al otro lado, sabré que no estoy en el cielo, sino en un lugar a su izquierda o a su derecha, en una especie de purgatorio de amor y caos... Y, para ser sincero, no me quejaré. Me agacharé y cerraré los ojos con fuerza. Inspiraré e inhalaré ese olor.

Agarraré esos cuellos peludos.

Agradecimientos

Mika Zusak: la más grande.

Kitty y Noah Zusak: la seguís de cerca. (Es broma, estáis empatados los tres). Gracias por dejar que este libro viera a la luz. Sé que no os hace mucha gracia recibir ni una pizca de atención pública, pero esta vez lo habéis permitido. Tenéis toda mi gratitud.

Un agradecimiento especial para Halina Drwecka.

Catherine Drayton, Fiona Inglis, Ingrid Ohlsson, Tracey Cheetham, Karen Rinaldi: inquebrantables. Nunca os olvidaré.

Brianne Collins: casi que creo que el único motivo por el que escribo libros es para que tú puedas corregirlos. Un auténtico placer (y puntos y comas). Gracias, sobre todo, por hacer la vista gorda ante mis numerosas e intencionadas tropelías, empezando por poner todas las razas de perro en mayúscula.

Grace Carter: muchas gracias por pelearte con las fotos y por varios grandes hallazgos más.

Cate Paterson y Erin Clarke: nuestros libros son importantísimos para mí, pero todavía lo es más vuestra amistad.

Lindi Greenfield: en cuanto a tu generosidad, todo lo que he dicho es cierto. De verdad que eres la mejor persona del planeta Tierra.

Paul Hansen (y Megan y Phil): gracias por apoyar la idea de este libro, y sobre todo por soportar la mirada de «Podría destrozarte ahora mismo sin pestañear siquiera» de Reuben. Menudo viaje ha sido. Ah, y cualquier detalle veterinario incorrecto del libro es culpa mía.

Andy Greenfield, gracias por tu ánimo y respaldo constantes. Y, evidentemente, por tu vis cómica.

Melanie Kembrey: una idea para un artículo que se convirtió en una idea para un libro. Gracias por tu comprensión.

Wesley Lonergan: muchas gracias por dejarme usar la foto de Bijoux.

A las siguientes personas, nunca subestiméis lo que significáis para mí y lo mucho que ayudáis a que logre todo este sinsentido: Praveen Naidoo, Katie Crawford, Judith Haut, Joan De Mayo, Nancy Siscoe, Noreen Herits, Kathy Dunn, Charlotte Ree, Andy, T. W., T. J. W., J. B., Raff, Gus, Clay, Scott M., Jane Turner, Green y, como siempre, Camilla Block.

Desde luego, gracias a algunas personas del parque: a Kate McDonald y David Staehli, y a esos memorables granujas que tenéis por perros.

Dueños de Cavoodles del todo el mundo: lo siento. De verdad. (Os quiero, lo digo en serio).

Por último, los primeros: mis chicos. Reub, Arch, Frost. ¿Qué puedo decir? El amor en los tiempos del caos. Me disteis un libro y yo no lo vi venir. Os reencontraré esperando en esa luz, sin duda.

Y, por supuesto, escribir no sirve de nada sin lectores. Gracias a todos los que mantenéis el pabellón en alto. Importa, sin lugar a dudas; lo significa todo.

M. Z.

Este libro
terminó de imprimirse
en Barcelona
en junio de 2025